I0147607

NOUVEAU PARALLÈLE

DES ORDRES D'ARCHITECTURE

DES GRECS, DES ROMAINS,

ET DES AUTEURS MODERNES;

DESSINÉ ET GRAVÉ AU TRAIT

Par Charles Normand, Architecte,

ANCIEN PENSIONNAIRE A L'ACADÉMIE DE FRANCE A ROME,

AUTEUR DU *RECUEIL VARIÉ DE PLANS ET DE FAÇADES*; DU *VIGNOLE DES OUVRIERS*; DU *GUIDE DE L'ORNEMANISTE* ET DU *VIGNOLE DES ARCHITECTES*.

A PARIS,

CHEZ L'AUTEUR, PLACE DU PARVIS NOTRE-DAME, N° 22;

PILLET AINÉ, IMPRIMEUR-LIBRAIRE, RUE DES GRANDS-AUGUSTINS, N° 7;

CARILLAN-GŒURY, QUAI DES AUGUSTINS, N° 41; BANCE AINÉ, RUE SAINT-DENIS, N° 214;

REY ET GRAVIER, QUAI DES AUGUSTINS, N° 55.

1828.

PARIS, DE L'IMPRIMERIE DE PILLET AINÉ,
rue des Grands-Augustins, n° 7.

FRONTISPICE.

ICTINUS.
LIBON.
SCOPAS.
MUTIUS.
HERMODORUS.
VITRUVIUS.
LES ORDRES
D'ARCHITECTURE
DES GRECS
ET DES ROMAINS
ET CEUX
DES AUTEURS
MODERNES.
PALLADIO.
SERLIO.
SCAMOZZI.
VIGNOLE.
LESCOT.
DE LORME.
BULANT.

B.N.

AVIS PRÉLIMINAIRE.

Nous nous sommes proposé, dans ce nouveau Parallèle, de mettre sous les yeux des artistes, des élèves et des amateurs, les proportions exactes des ordres d'architecture qui décorent les monumens les plus célèbres, tant anciens que modernes, en réunissant dans un seul volume les principes de ces ordres, disséminés dans un grand nombre de livres rares, ou d'une acquisition dispendieuse,

Tous ceux qui, par état ou par goût, cultivent les beaux-arts, savent à quel degré de perfection ils furent portés chez les anciens peuples de la Grèce et de l'Italie, et que le génie, soutenu par un noble enthousiasme, nourri de fictions poétiques, aidé par un tact délicat et sûr, que favorisaient le climat, la liberté et la simplicité des mœurs, y créa ces chefs-d'œuvre qui servent aujourd'hui de type aux artistes de toutes les nations. L'architecture antique, en particulier, légua pour ainsi dire à la postérité des modèles de grandeur, de magnificence, comme aussi de goût, de convenance et de raison. Mais les arts et les lettres ont, ainsi que les nations, des époques de prospérité, de splendeur, et des tems malheureux de décadence et d'oubli. Des siècles d'ignorance et de barbarie succédèrent à chacun des siècles brillans de Périclès, d'Auguste, d'Adrien. Ce ne fut qu'en dernier lieu, sous le gouvernement des Médicis, de François Ier, que les savans et les artistes retrouvèrent des protecteurs et reçurent des encouragemens. L'étude recueillit avidement alors quelques principes épars des connaissances humaines qui refluaient de l'Orient. L'architecture, la peinture et la sculpture furent en quelque sorte recréées. Les ruines encore debout, les fragmens des monumens antiques éveillèrent le génie des Palladio, des Scamozzi, des Vignole, etc. Inspirés par ces restes précieux, de grands hommes se montrèrent aussi à l'admiration de leurs contemporains. Plusieurs auteurs distinguèrent et classèrent les différens ordres d'architecture, et, parmi ceux-ci, Jacques Barrozzio de Vignole observa plus exactement, à quelques égards, les belles proportions des anciens. Cependant le changement dans les mœurs, les nouvelles destinations données à différens édifices, la variété de style particulière à chaque nation, entraînèrent ces grands maîtres dans quelques écarts, qu'un goût plus pur s'est attaché depuis à rectifier. Les défauts observés dans leurs édifices existent aussi dans les livres et les dessins du même tems. Néanmoins le mérite incontestable de Vignole, et peut-être aussi l'influence de l'habitude, l'ont fait désigner jusqu'ici comme le guide exclusif de ceux qui s'adonnent à l'architecture. Aujourd'hui, que nos écoles ont adopté les grands principes de l'antiquité, et qu'elles en analysent les beautés avec discernement, et qu'une critique éclairée apprécie mieux les productions de l'art, on reconnaît l'insuffisance du seul auteur consacré par l'usage, et l'on sent la nécessité de recourir aux sources où il a puisé, ainsi que les architectes de ce tems, qui se sont éloignés tous, plus ou moins, comme lui, de leurs modèles.

C'est pour faciliter le rapprochement des proportions diverses adoptées par des auteurs célèbres, et seconder les efforts des habiles professeurs qui répandent chez les peuples civilisés l'instruction et le bon style, que nous avons entrepris d'exposer avec une exactitude scrupuleuse ce que les différentes époques de la bonne architecture présentent de plus remarquable dans les ordres dont elle s'enrichit. Nous avons décrit, dessiné et gravé nous-même chaque ordre tiré des principaux monumens grecs et romains; nous avons cité en même tems les auteurs qui en ont parlé, et lorsque nous avons reconnu quelques erreurs, nous nous sommes fait un devoir de les rectifier. Immédiatement après l'exposition d'un ordre antique, nous avons présenté ce même ordre selon les modernes, et nous avons hasardé notre opinion sur les diverses proportions de leurs colonnes, chapiteaux, entablemens, etc., et sur le choix et les rapports des moulures et des principaux détails d'ornement. L'ordre Toscan, par lequel nous avons dû commencer, est le seul où nous n'ayons pu citer que les architectes modernes de l'Italie, vu le peu de fragmens antiques qui en sont restés.

Notre travail occupe en tout, y compris le frontispice, soixante-quatre planches gravées au trait, dont quatre pour l'ordre Toscan, treize pour le Dorique, treize pour l'Ionique, seize pour le Corinthien, six pour le Composite, deux de Cariatides et dix de détails, parmi lesquelles se trouvent divers entablemens comparés particulièrement entre eux, plusieurs manières de contourner les volutes Ioniques, la diminution des colonnes et la proportion relative de leur entablement en raison de la dimension générale, d'après Vitruve; celle des frontons, les portes et les fenêtres antiques et modernes, des soffites d'architraves et plusieurs ornemens qui s'appliquent aux moulures. On trouvera enfin, soit dans le texte, soit dans les planches, qui portent des explications et des notes, tout ce qu'il y a d'essentiel pour la connaissance exacte des ordres chez les anciens, ainsi que dans Vitruve, Palladio, Scamozzi, Vignole, Serlio, Alberti, Viala, Philibert-Delorme, Chambrai, Desgodetz, Stuart, Delagardette et autres auteurs. Nous aurons atteint notre but si le rapprochement fidèle de toutes ces proportions, en évitant aux artistes la perte d'un tems toujours précieux et une dépense assez considérable, devient utile aux progrès de l'art.

PARALLÈLE DES ORDRES ANTIQUES

Contenus dans ce Volume, sous le rapport de leurs dimensions respectives.

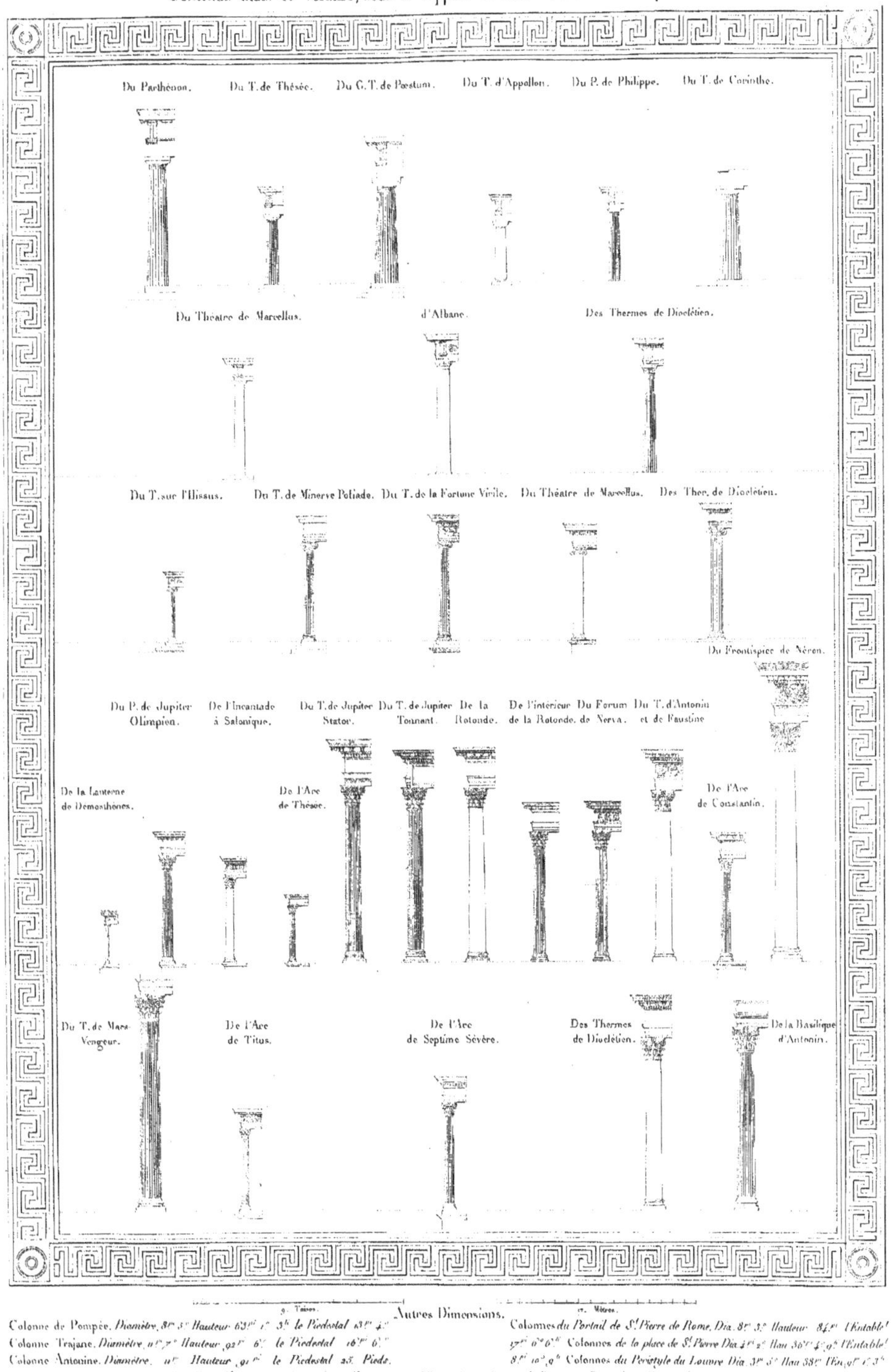
Du Parthénon.
Du T. de Thésée.
Du G. T. de Pœstum.
Du T. d'Appollon.
Du P. de Philippe.
Du T. de Corinthe.
Du Théatre de Marcellus.
d'Albane.
Des Thermes de Dioclétien.
Du T. sur l'Ilissus.
Du T. de Minerve Poliade.
Du T. de la Fortune Virile.
Du Théatre de Marcellus.
Des Ther. de Dioclétien.
Du Frontispice de Néron.
Du P. de Jupiter Olimpien.
De l'Incantade à Salonique.
Du T. de Jupiter Stator.
Du T. de Jupiter Tonnant.
De la Rotonde.
De l'intérieur de la Rotonde.
Du Forum de Nerva.
Du T. d'Antonin et de Faustine
De la Lanterne de Demosthènes.
De l'Arc de Thésée.
De l'Arc de Constantin.
Du T. de Mars-Vengeur.
De l'Arc de Titus.
De l'Arc de Septime Sévère.
Des Thermes de Dioclétien.
De la Basilique d'Antonin.

9. Toises. 17. Mètres.

Autres Dimensions.

Colonne de Pompée. *Diamètre, 8P. 5P. Hauteur 63P. 1P. 3L. le Piedestal 13P. 4P.*
Colonne Trajane. *Diamètre, 11P. 7P. Hauteur 92P. 6P. le Piedestal 16P. 6P.*
Colonne Antonine. *Diamètre. 11P. Hauteur 91P. le Piedestal 25. Pieds.*

Colonnes *du Portail de St. Pierre de Rome, Dia. 8P. 3P. Hauteur 84P. l'Entable.* 17P. 6P. 6L. Colonnes *de la place de St. Pierre Dia. 4P. 2P. Hau. 36P. 4P. 9L. l'Entable.* 8P. 10P. 9L. Colonnes *du Peristyle du Louvre Dia. 3P. 5P. Hau. 38P. l'En. 9P. 1P. 3L.*

Colonnes *du Portail de Ste. Geneviève, Dia. 5P. 6P. Hau. 58P. 3P. l'Ent. 11P. 3P.* Colonnes *de l'intérieur Dia. 3P. 6P. Hau. 37P. 8P. l'Entablement 7P. 7P.*

AVERTISSEMENT.

Le module que nous avons employé est le même pour tous les ordres; il est divisé en trente parties. Celui qui appartient aux ordres de Vignole est rapporté au dessous du premier.

Les ordres se composent d'une colonne et de son chapiteau, avec base ou sans base, selon l'ordre, et de son entablement. Les colonnes sont élevées quelquefois sur un piédestal, ou sur un simple socle, mais souvent sans ses deux bases, et simplement sur des marches.

La proportion la plus générale des entablemens, dans les ordres antiques, est du quart de la hauteur de la colonne. Il s'en rencontre même qui sont entre le quart et le cinquième seulement. Palladio et Scamozzi font assez généralement leurs entablemens du cinquième de la colonne, et Vignole toujours du quart. Pour les règles établies par Vitruve, concernant la proportion des ordres et de leurs entablemens, relativement à leurs différentes hauteurs, voyez la planche 59.

L'entablement est complet quand il réunit la corniche, la frise et l'architrave. Lorsque la corniche, avec une ou plusieurs faces au dessous, est sans frise, comme au temple de Pandrose (1), elle se nomme corniche architravée, et corniche simple lorsqu'elle n'est accompagnée d'aucune de ces deux parties.

Nous avons indiqué pour chaque ordre, et sur une plus petite échelle, les distances des entrecolonnemens simples, de ceux avec arcades sans piédestaux, et de ceux avec piédestaux, ainsi que la distance du dessous du soffite de l'architrave jusqu'au dessous de la clef des arcades. Le reste peut facilement se trouver par la hauteur donnée des colonnes, par la figure du piédestal et sa proportion, et par celle de l'imposte et de l'archivolte (2), étant tout réuni sur la même planche pour chaque ordre. Les axes des colonnes sont toujours en rapport avec l'espacement des triglyphes, dont les métopes doivent être carrés. Nous avons pris le même parti pour tous les ordres qui vont suivre, avec ou sans modillons, pour les auteurs modernes seulement. Les anciens n'ont eu que rarement égard à ces divisions, même pour leurs autres ornemens.

Pour chaque distance d'entrecolonnement des ordres antiques, nous avons choisi une mesure moyenne entre les inégalités produites souvent par un défaut de pose. Nous avons distingué et noté quelques entrecolonnemens du milieu. Le diamètre des colonnes est en outre coté par pieds, mesure de France, moyen nécessaire pour faciliter les comparaisons, établir les rapports et juger de leur effet.

(1) Voyez la planche 55.

(2) Les impostes et archivoltes des ordres Dorique, Ionique, Corinthien et Composite de Scamozzi, se trouvent aux planches 17, 30 et 48.

Nous avons aussi quelquefois écarté de cet ouvrage les subdivisions de sixièmes, huitièmes, douzièmes, etc., de partie, souvent embarrassantes, lorsque nous avons jugé que cette suppresssion ne pouvait pas nuire à la combinaison de l'ensemble (1); ces monumens étant tous en ruine, la même mesure de détail, prise à six pieds de distance, donnerait souvent des différences plus grandes que ces subdivisions. Nous avons toujours rapporté soigneusement les grandes masses.

Afin de simplifier les figures, notamment pour le Corinthien et le Composite, et pour l'intelligence des cotes, nous avons prolongé distinctement sur la coupe du chapiteau une ligne verticale, formée de points oblongs, qui descend sur le nu ou le vif du fût de la colonne, pris au dessous de l'astragale; nous avons basé sur cette ligne les cotes de la saillie des feuilles et des volutes (2) suivant leur plan. Quant aux entablemens, leurs cotes se prennent sur une verticale abaissée de la partie la plus saillante de la corniche pour en former les profils; mais cette même partie, la plus saillante, ainsi que la frise et la face de l'architrave au dessus du chapiteau, se mesurent toujours de l'axe de la colonne.

Explication des moulures.

Il y a de grandes et de petites moulures; les grandes sont les doucines ou cymaises, les quarts de rond ou oves, les cavets, les talons, les tores et les scoties; les petites sont les réglets, filets, listels ou listaux, les astragales et les congés. Les petites moulures servent à couronner les grandes, à les séparer, à leur donner plus de relief et à les faire mieux distinguer. Quelquefois le cavet, le quart de rond et le talon deviennent aussi de petites moulures, quand elles se trouvent entre les faces des architraves, des impostes et des archivoltes, aux chambranles des portes et des fenêtres. A l'égard de la doucine ou cymaise, du larmier, de la face denticulaire et de la plate-bande des modillons, ces moulures sont toujours grandes et couronnées de plus petites. Il en est de même de l'ove ou quart de rond, et du talon, dans les corniches. Le grand et le petit tore, ainsi que la scotie, ne s'emploient guère qu'aux bases, et ils sont toujours séparés par des listels ou par des astragales.

Pour les noms des différentes moulures, nous les avons indiqués sur chacun des ordres de Vignole, par lettres alphabétiques, renvoyant au texte qui y a rapport pour les faire connaître.

Ayant voulu rendre utile le frontispice, nous avons mis en parallèle une cariatide du temple de Pandrose, et une de la salle des antiques du Louvre par Jean Goujon, et, dans les compartimens qui en forment le cadre, plusieurs soffites d'architraves imités de l'antique, ainsi que divers autres ornemens applicables à l'architecture.

(1) On pourra trouver de petites divisions qui ne sont point en rapport avec les cotes; ce n'est point une erreur : mais cela a été fait quelquefois ainsi pour faciliter l'intercalation des chiffres.

(2) La plupart des chapiteaux antiques étant très-mutilés, surtout à la saillie de leurs volutes et de leurs feuilles, il nous a fallu y suppléer par la comparaison des parties conservées avec ce qui restait aux autres du galbe de leurs feuilles et des contours des volutes réunies à la courbure du tailloir, pour fixer une mesure sinon exacte, au moins très-rapprochée de la réalité, et que l'ensemble de ces chapiteaux vus de face pourra justifier.

Planche I.

BASE, CHAPITEAU ET ENTABLEMENT TOSCAN,
d'André Palladio.

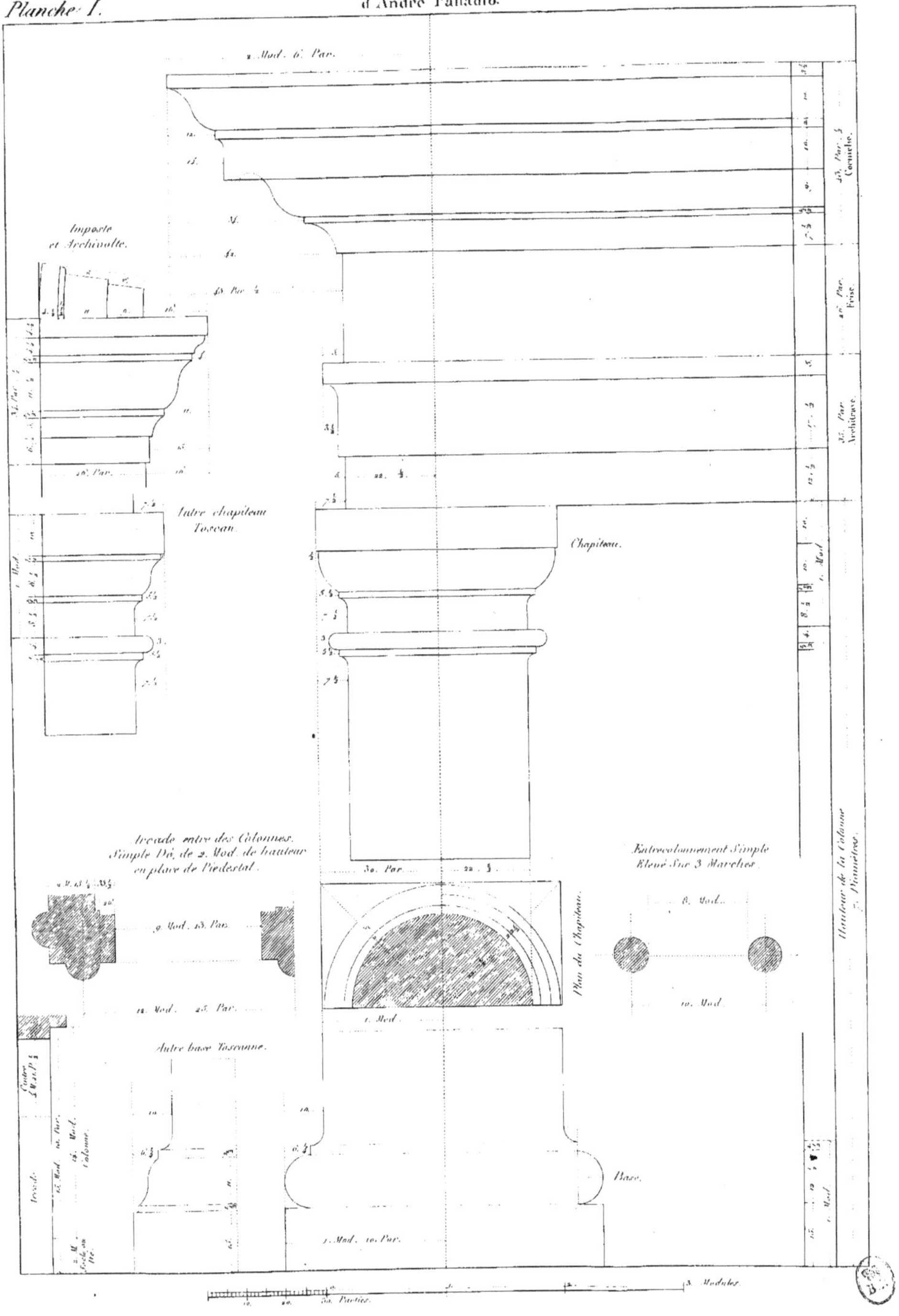

Imposte et Archivolte.
Autre chapiteau Toscan.
Chapiteau.
Corniche.
Frise.
Architrave.
Arcade entre des Colonnes. Simple Dé, de 2. Mod. de hauteur en place de Piedestal.
Plan du Chapiteau.
Entrecolonnement Simple Elevé Sur 3 Marches.
Autre base Toscanne.
Base.
Hauteur de la Colonne 7. Diamètres.
30. Parties.
3. Modules.

Planche II.

PIEDESTAL, BASE, CHAPITEAU ET ENTABLEMENT TOSCAN, de Vincent Scamozzi.

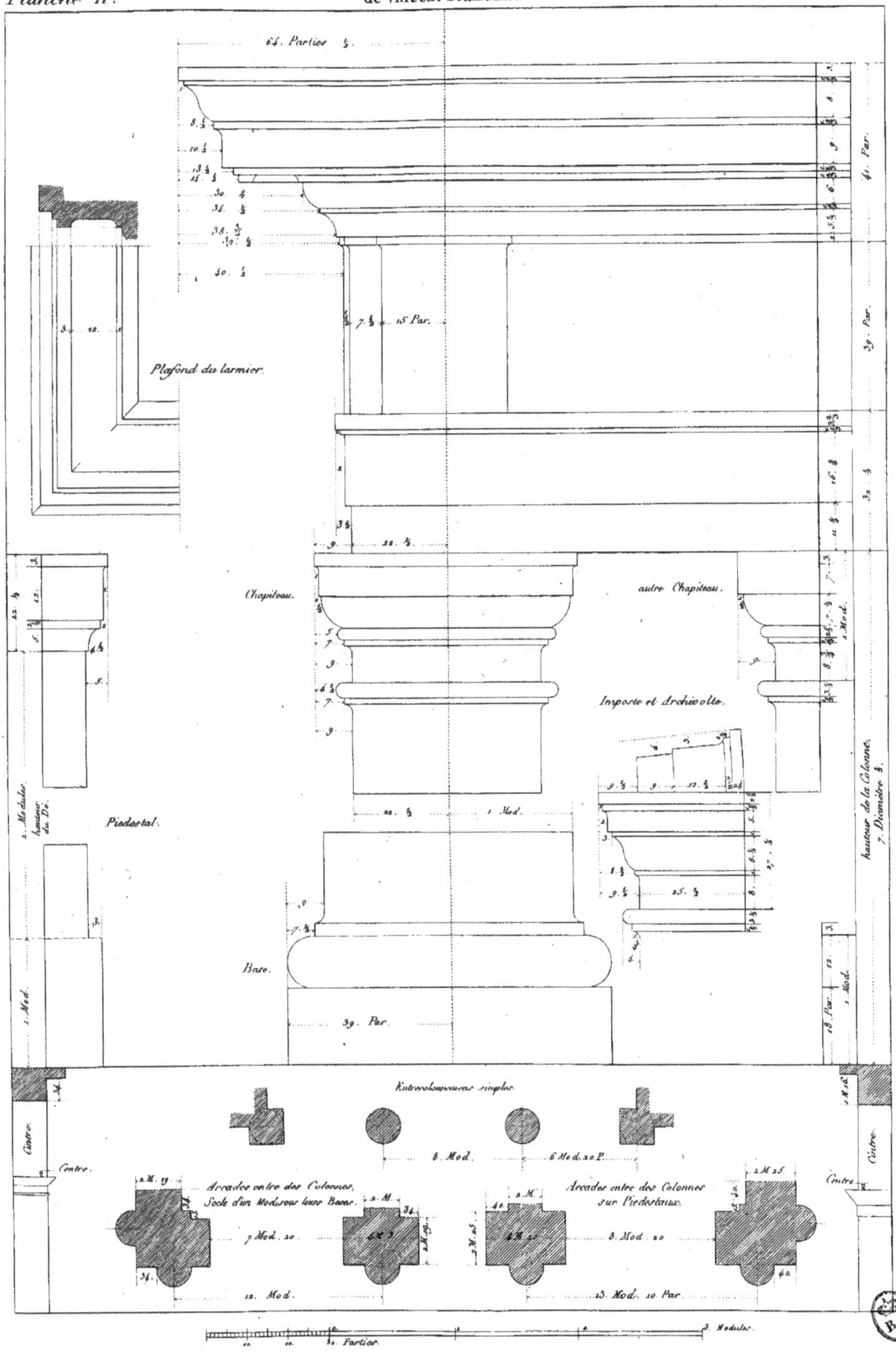

64. Parties ½.
Plafond du larmier.
15 Par.
41. Par.
39. Par.
Chapiteau.
autre Chapiteau.
Imposte et Archivolte.
1 Mod.
Piedestal.
hauteur de la Colonne, 7. Diametre ½.
Base.
39. Par.
Entrecolonnemens simples.
Centre.
8. Mod.
6 Mod. 20 P.
Arcades entre des Colonnes, Socle d'un Mod. sous leurs Bases.
Arcades entre des Colonnes sur Piedestaux.
7. Mod. 20
8. Mod. 20
12. Mod.
13. Mod. 10. Par.
30. Parties
3. Modules

B.R

ORDRE TOSCAN.

L'ORDRE Toscan est le plus simple des cinq ordres d'architecture, et celui par lequel les élèves commencent ordinairement l'étude de cet art, après celle des élémens de géométrie; il doit donc se trouver en tête de cet ouvrage. Le nom de cet ordre indique assez qu'il est d'origine Toscane. On n'en trouve les proportions régulières que chez quatre auteurs modernes, Palladio, Scamozzi, Serlio et Vignole; mais aucun de ces architectes célèbres ne paraît avoir vu l'ordre Toscan conservé dans son entier parmi les restes de constructions antiques. Un seul d'entre eux, Palladio, prétend (1) en avoir découvert des fragmens dans les ruines des arènes de Vérone, et dans celles de Pola en Istrie (2).

ORDRE TOSCAN DE PALLADIO.

PLANCHE Ire.

ANDRÉ PALLADIO profile de deux manières différentes le chapiteau et la base de l'ordre Toscan. On trouve trop d'égalité dans les rapports des moulures de sa corniche. La doucine ou cymaise prolongée sous le larmier semble lui donner un peu de mollesse. Nous observerons cependant que, par l'effet de la perspective (3), elle pourrait paraître plus en harmonie que dans le dessin géométral.

ORDRE TOSCAN DE SCAMOZZI.

PLANCHE II.

VINCENT SCAMOZZI est le plus riche dans son ordre Toscan, ainsi que dans ses autres ordres. Il a multiplié ses moulures, et a indiqué, dans sa frise, une saillie en forme de triglyphe sans canaux, et seulement sur l'aplomb de chaque colonne. Sa base et son chapiteau, qu'il a variés, sont d'une bonne proportion ; mais sa colonne, ayant un demi-diamètre de plus en hauteur que celle de Vignole, et une partie et demie de moins à l'extrémité de son fût, sous

(1) Voyez le parallèle de Chambrai, même ordre.

(2) Dancarville, tom. II, pl. 4, donne un fragment d'ordre Toscan, trouvé dans les murs de Pœstum, et auquel Palladio et Serlio se rapportent pour le chapiteau.

(3) L'étude de la perspective est nécessaire pour pressentir les effets de l'architecture. L'ouvrage exécuté, étant vu d'en bas, et d'un point unique, ne rend pas exactement l'effet du dessin géométral. Le rayon visuel, oblique pour tous les points, excepté un seul, celui qui est perpendiculairement en face du spectateur, lui fait apercevoir des épaisseurs d'autant plus sensibles, que les objets ont plus de saillie, et qu'ils sont plus près et vus plus obliquement. Cet effet ne laisse pas d'avoir lieu à d'assez grandes distances.

l'astragale, n'a peut-être pas le caractère convenable. La corniche de son piédestal a trop peu de saillie pour sa hauteur : nous croyons que, si la hauteur de cette corniche était diminuée de toute la partie du réglet, sans changer les moulures ni la proportion du piédestal, elle produirait un meilleur effet.

ORDRE TOSCAN DE SERLIO.

Planche III.

L'ordre Toscan de Serlio est le plus simple des quatre que nous donnons pour exemple. La seule richesse est au plafond du larmier. Le chapiteau et la base sont parfaitement d'accord pour former du tout un bon ensemble. On pourrait l'employer pour l'intérieur d'une halle, pour de grands magasins, pour des constructions souterraines, etc.

Serlio a pourtant ajouté, ailleurs, deux listels à sa corniche, en donnant un peu de saillie à son larmier, un quart de rond, et une seconde face à son architrave, sans néanmoins changer la proportion de la masse totale de son entablement.

ORDRE TOSCAN DE JACQUES BAROZZIO DE VIGNOLE.

Planche IV.

Jacques Barrozzio de Vignole paraît avoir inventé l'ordre Toscan qu'il a donné : sa proportion est la plus généralement adoptée; mais nous pensons qu'un peu moins de saillie à sa corniche, ainsi qu'à son chapiteau, le caractériserait peut-être mieux. Sa colonne diminue, à partir du tiers de son fût (pris au dessous du tore de la base), jusqu'au dessus de l'astragale de son chapiteau. Cette règle est générale pour les cinq ordres que nous avons de lui. Les autres auteurs modernes paraissent aussi avoir adopté cette méthode.

L'ordre Toscan décrit par Vitruve, et gravé pour la traduction de Claude Perrault, nous a paru trop éloigné de nos usages pour le rapporter ici.

NOMS DES MOULURES DE L'ORDRE TOSCAN DE J. B. DE VIGNOLE.

De la corniche.

A. Quart de rond, ou ove.
B. Baguette, ou astragale.
C. Filet, ou réglet.
D. Larmier terminé en congé sous le filet.
E. Réglet, ou filet.
F. Talon.

De la frise.

G. Frise.

De l'architrave.

H. Réglet, ou listel.
I. Face.

Du chapiteau.

K. Listel, ou réglet.
L. Abaque, ou tailloir.
M. Ove, ou échine.
N. Filet, ou anneau.
O. Gorgerin.

De la colonne.

P. Astragale.
Q. Ceinture, ou orle.
R. Fût, ou vif de la colonne, terminé en congé sous la ceinture.

Planche III.

BASE, CHAPITEAU ET ENTABLEMENT TOSCAN, de Serlio.

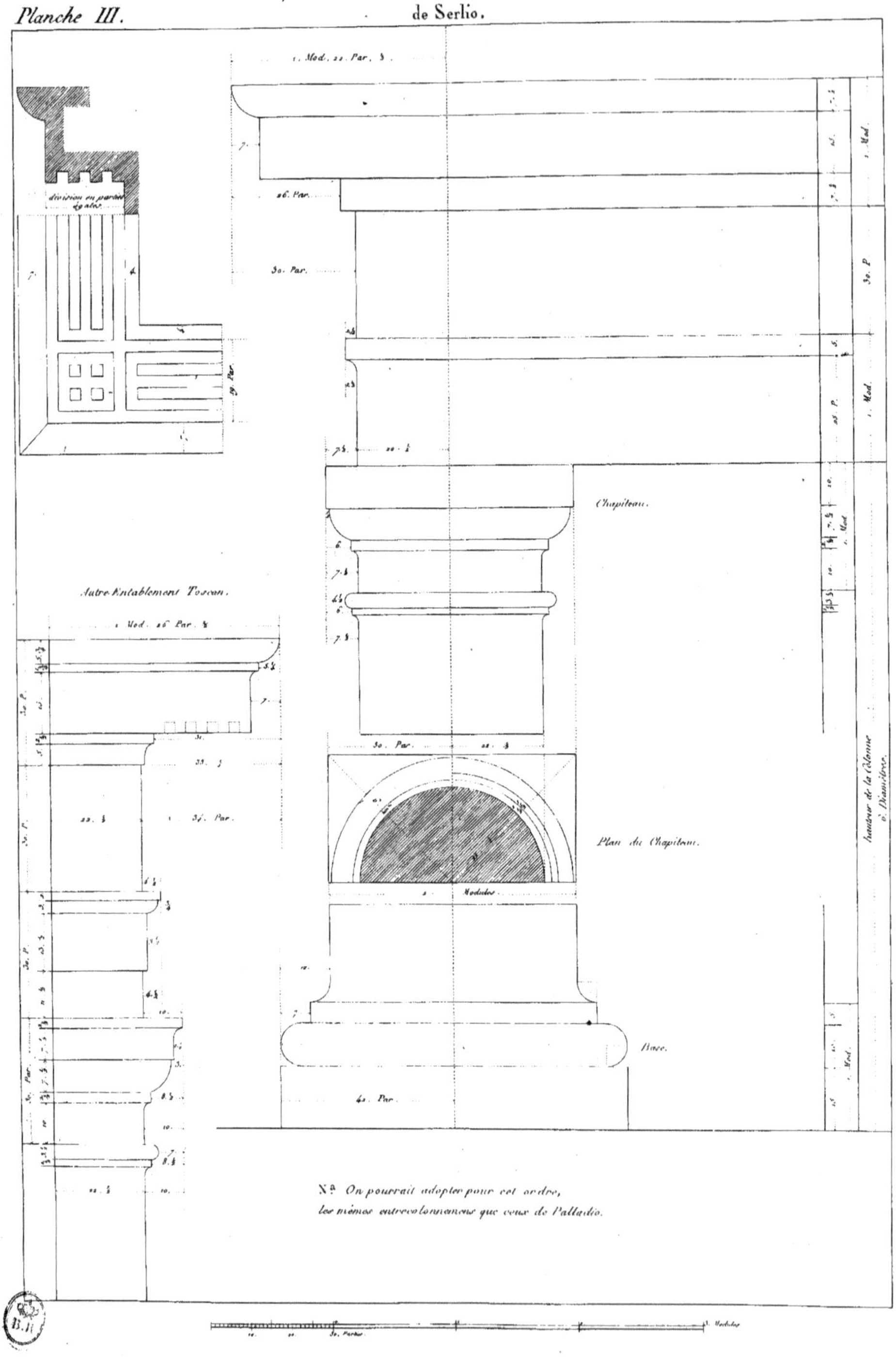

1. Mod. 22. Par. 3.
division en parties égales.
26. Par.
30. Par.
Chapiteau.
Autre Entablement Toscan.
1 Mod. 26 Par. ½
Plan du Chapiteau.
2 Modules.
Base.
42. Par.
hauteur de la Colonne 6 Diamètres.

Nª. On pourrait adopter pour cet ordre, les mêmes entrecolonnemens que ceux de Palladio.

B.N.

Planche IV.

PIEDESTAL, BASE, CHAPITEAU ET ENTABLEMENT TOSCAN,
de J. Barrozzio de Vignole.

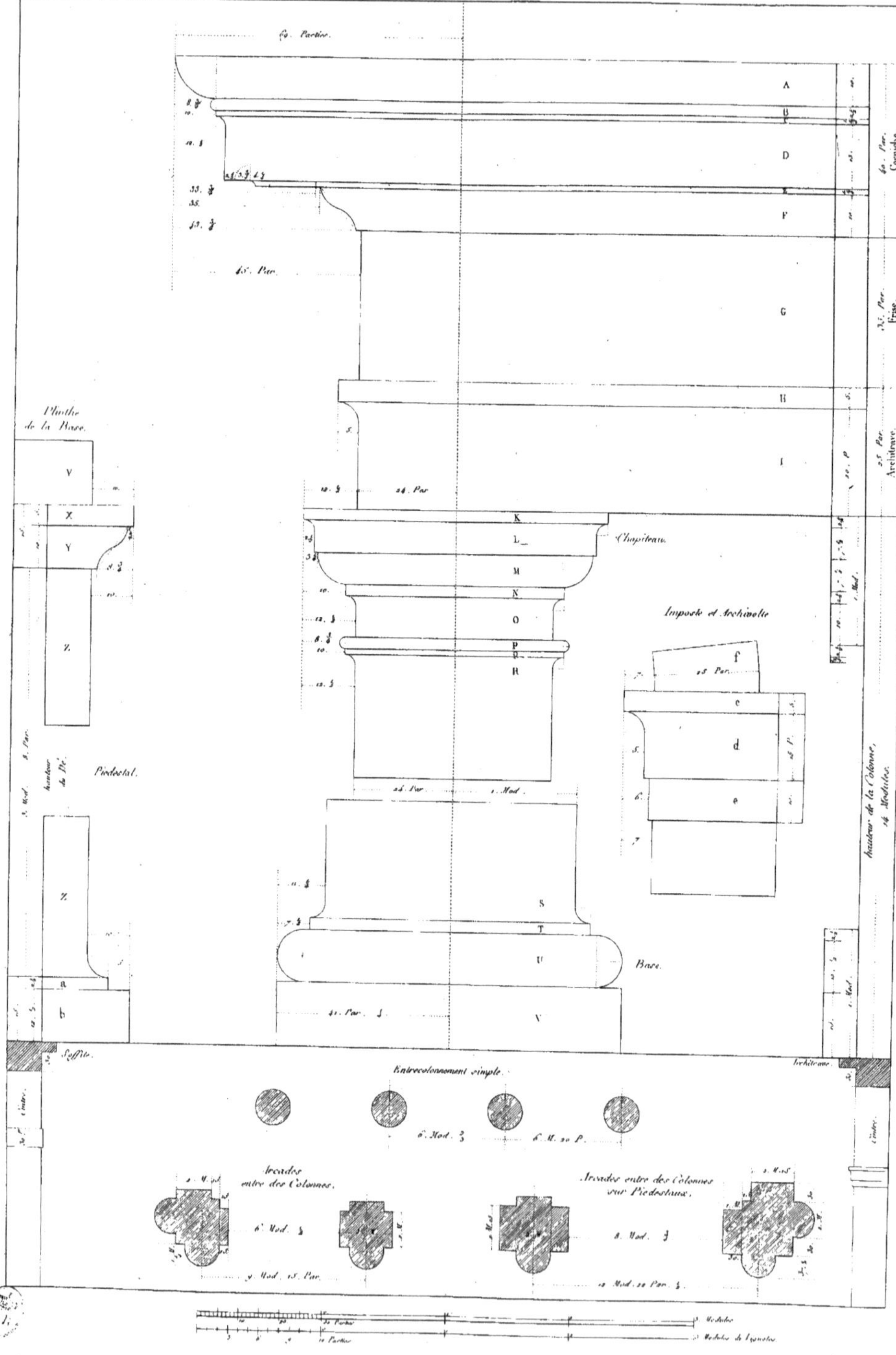

Corniche.
Frise.
Architrave.
Chapiteau.
Base.
Piedestal.
Plinthe de la Base.
Imposte et Archivolte
hauteur de la Colonne, 14 Modules.
Entrecolonnement simple.
Arcades entre des Colonnes.
Arcades entre des Colonnes sur Piedestaux.
Soffite.
Architrave.
Modules
Modules de Vignole

S. Fût, ou vif de la colonne.
T. Ceinture liée par un congé au vif de la colonne.

De la base.

U. Tore.
V. Plinthe, ou socle.

Du piédestal.

X. Réglet.
Y. Talon.
Z. Dé du piédestal.
a. Réglet, ou filet.
b. Socle, ou base du piédestal.

De l'imposte et de l'archivolte.

c. Listel, ou réglet.
d. Grande face.
e. Petite face.
f. Archivolte, ou bandeau de l'arc.

DE L'ORDRE DORIQUE GREC.

Si l'Architecture n'a pas pris naissance dans la Grèce, c'est du moins sur cette terre classique de tous les beaux-arts que celui de composer et décorer les monumens publics est parvenu au plus haut point de perfection. C'est parmi les monumens grecs que l'on a cherché et que l'on trouve encore les plus purs modèles. Ils nous fourniront donc les premiers exemples de l'ordre Dorique antique, qui sera suivi de celui qu'ont adopté les Romains, et après eux les modernes.

DU PARTHENON A ATHÈNES.

Planche V.

Nous commencerons par le Parthénon à Athènes, de tous les temples grecs le plus estimé par la beauté de son ensemble et la pureté de ses détails. On croit qu'il fut élevé sous Périclès, quelques années après le temple de Thésée, et que celui-ci servit de modèle au célèbre architecte Ictinus, et à Callicrate, sculpteur, qui construisirent le Parthénon. Le plan de ce temple, dont la forme est un parallélogramme, présente huit colonnes sur sa face principale, ainsi que sur celle qui lui est opposée, et dix-sept sur chaque face latérale, formant péristyle au pourtour. L'entablement qui les couronne est surmonté par un fronton à ses deux extrémités, dont le sommet, prolongé de l'une à l'autre, formait le toit qui recouvre cette masse admirable, mâle et légère à la fois.

DU TEMPLE DE THÉSÉE A ATHÈNES.

Planche VI.

Le temple de Thésée, d'une dimension plus petite que le Parthénon, mérite également toute l'attention des architectes. Ses rapports sont si parfaits, son ensemble si satisfaisant, qu'il offre, avec le précédent, les deux meilleurs modèles en ce genre que l'on puisse citer (1). On peut y remarquer que les mutules au dessus des triglyphes et sur les métopes sont beaucoup plus forts que ceux de la corniche du Parthénon. Ce temple a six colonnes sur les deux faces opposées, et treize sur les faces latérales, formant aussi péristyle au pourtour.

(1) Pour la partie historique et la description de ces deux temples, voyez la traduction de l'OEuvre de Stuart, publiée par M. Landon : tom. II, chap. 1er, pag. 39, pl. 6, pour le T. de Thésée, et tom. III, chap. 1er, pag. 15, pl. 6, pour le Parthénon.

Planche I^r.

BASE, CHAPITEAU ET ENTABLEMENT DORIQUE,
du Portique extérieur du Temple de Minerve, ou du Parthénon à Athènes.

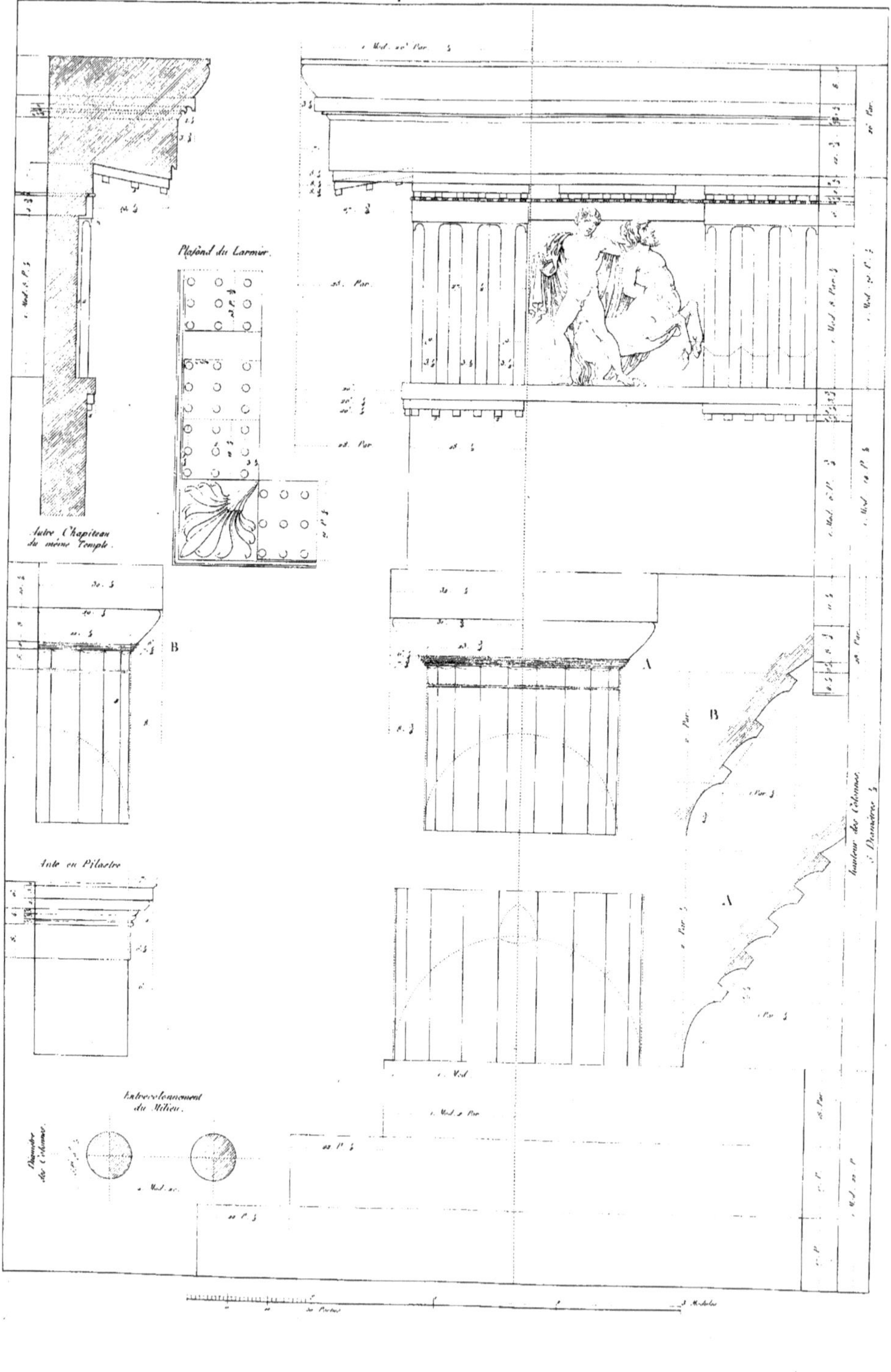

Plafond du Larmier.
Autre Chapiteau du même Temple.
B
A
Ante ou Pilastre
Entrecolonnement du Milieu.
Diamètre des Colonnes.
hauteur des Colonnes, 5 Diamètres ½

Planche VI.

BASE, CHAPITEAU ET ENTABLEMENT DORIQUE,
du Temple de Thésée à Athènes.

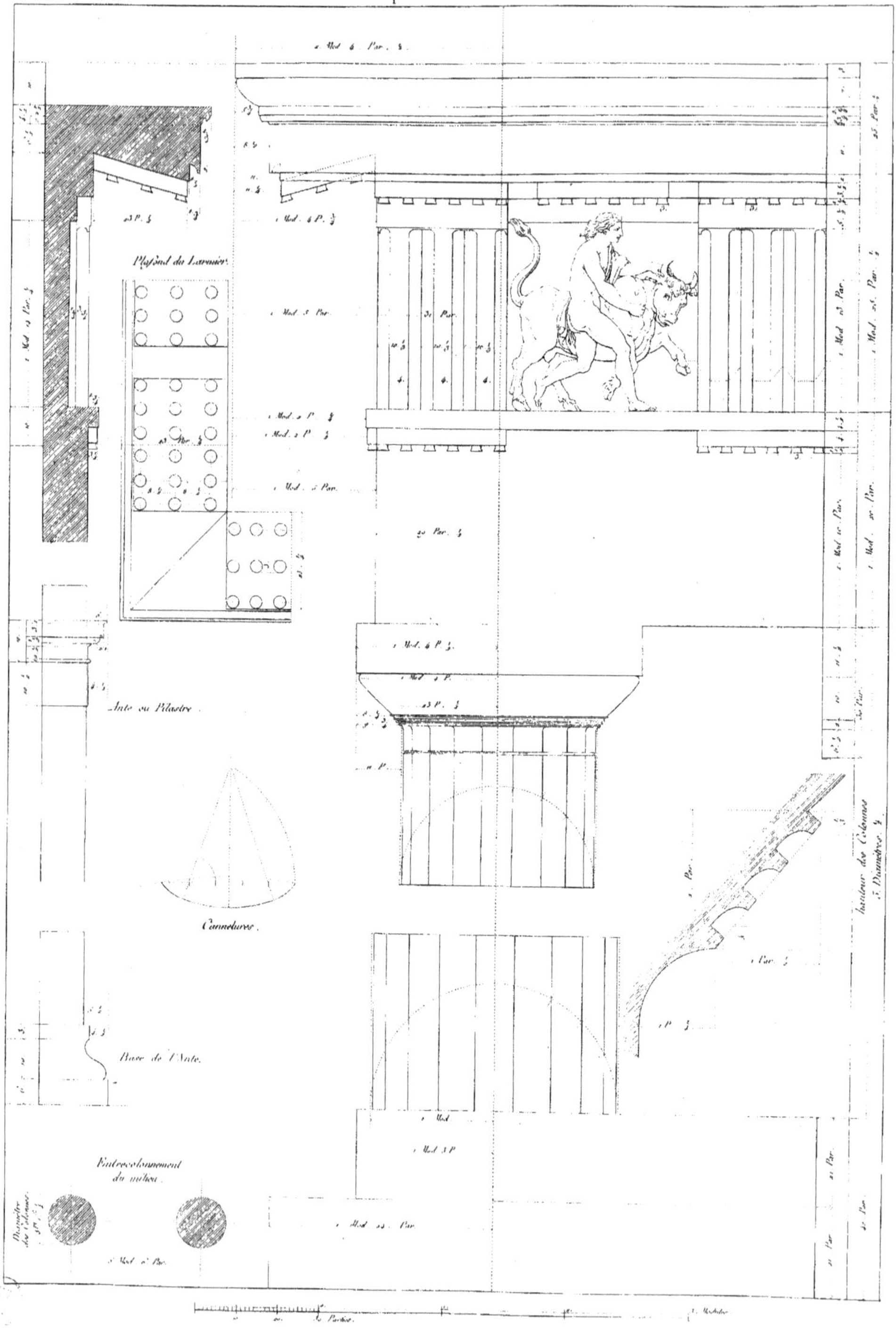
Plafond du Larmier.
Ante ou Pilastre.
Cannelures.
Base de l'Ante.
Entrecolonnement du milieu.
Hauteur des Colonnes 5 Diamètres 2/3.

Planche VII.

BASE, CHAPITEAU ET ENTABLEMENT DORIQUE,
du Grand Temple de Pestum.

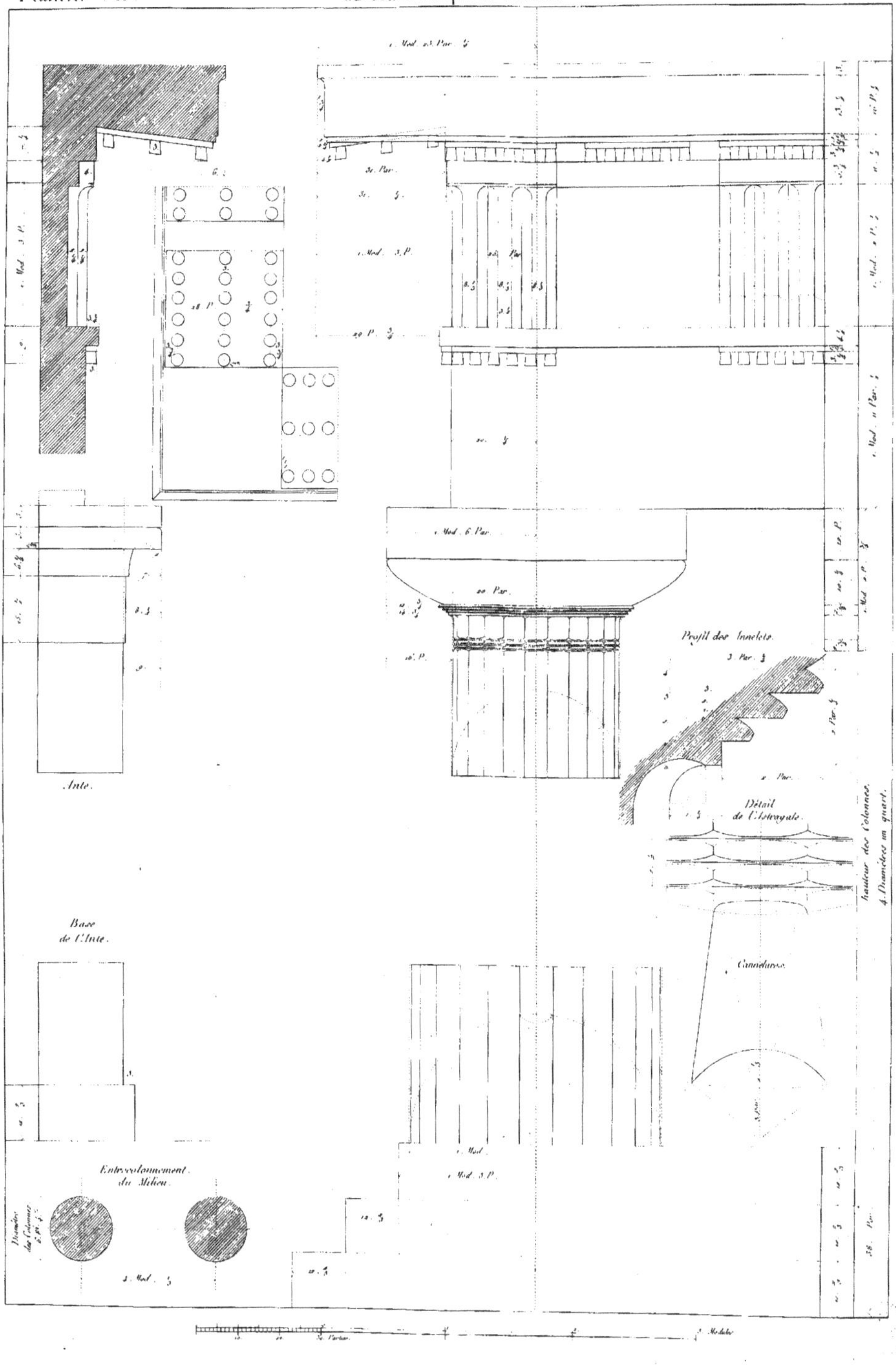
Ante.
Base
de l'Ante.
Profil des Annelets.
Détail
de l'Astragale.
Cannelures.
Entrecolonnement
du Milieu.
hauteur des Colonnes
4. Diamètres un quart.
Diamètre
des Colonnes

COLONNES ET ENTABLEMENT DORIQUES,

Planche VIII. du Temple d'Apollon et du Portique de Philippe, Roi de Macédoine, dans l'Ile de Délos.

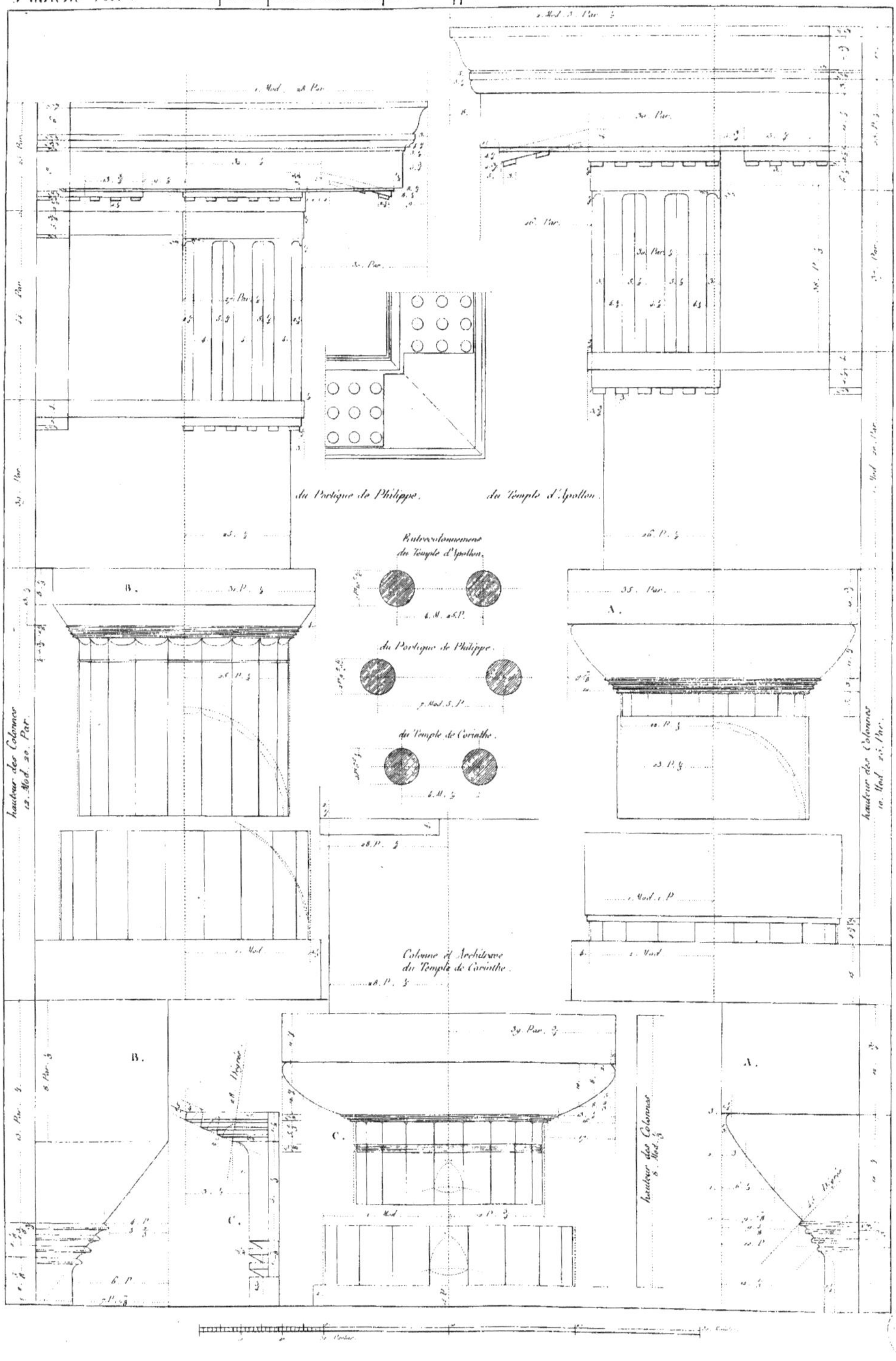

du Portique de Philippe.
du Temple d'Apollon.
Entrecolonnemens
du Temple d'Apollon.
du Portique de Philippe.
du Temple de Corinthe.
Colonne et Architrave
du Temple de Corinthe.
hauteur des Colonnes 12. Mod. 20. Par.
hauteur des Colonnes 10. Mod. 25. Par.
hauteur des Colonnes 8. Mod.
A.
B.
C.

DU GRAND TEMPLE DE PŒSTUM.

PLANCHE VII.

Le grand temple de Pœstum n'offre pas la même élégance que le Parthénon et le temple de Thésée. Il semble appartenir à l'enfance de l'art, ou plutôt à son déclin. Ses colonnes courtes et leurs chapiteaux saillans et aplatis dans leur proportion, semblent écrasés sous le poids de l'entablement. On désirerait peut-être à celui-ci une moulure qui couronnât le larmier; l'ensemble, cependant, porte un aspect imposant (1). En comparant ce monument aux deux qui précèdent, dont le mérite est supérieur au moins pour les détails, on ne conçoit pas pourquoi, en parlant en général de cet ordre, le nom de Pœstum sert à le désigner, puisqu'on pouvait avec plus de raison l'appeler ordre grec, ou d'Athènes. Ce temple a de même six colonnes sur chaque face, et quatorze sur ses côtés, formant péristyle comme les deux précédens (2). Il existe en Sicile des temples antiques dont les colonnes ont un diamètre beaucoup plus fort que celles de ce dernier, qui est déjà colossal; mais ces temples n'ont rien d'imposant que leur masse, et rien de particulier dont l'art puisse tirer quelque avantage.

DU TEMPLE D'APOLLON, DU PORTIQUE DE PHILIPPE DE MACÉDOINE DANS L'ILE DE DÉLOS, ET DU TEMPLE DE CORINTHE.

PLANCHE VIII.

C'est au célèbre STUART que nous devons les détails de la plus grande partie de ces monumens. Cet infatigable artiste a de justes droits à notre reconnaissance. Le temple d'Apollon, dans l'île de Délos, ne pouvait pas échapper à ses recherches : si, au milieu des ruines, il n'a pu découvrir la totalité de sa forme primitive, au moins il nous en a transmis des fragmens trop intéressans pour les négliger ici. On croit que ce fut dans l'entablement de ce temple qu'on introduisit les premiers triglyphes, représentant la figure d'une lyre, le principal attribut de ce dieu.

L'entablement du Portique de Philippe, plus régulier, plus riche au soffite de son larmier, mérite aussi notre attention.

Le temple de Corinthe était probablement dans le même goût de détails, à en juger par ce qui reste de colonnes encore debout. Nous en avons donné dans cette planche le profil et les dimensions.

(1) Delagardette, qui a donné les détails de ce temple avec tout le goût et l'admiration que lui avaient inspirés les monumens antiques de la Grande-Grèce, et d'après lesquels nous avons gravé cette planche, s'était proposé de poursuivre ses recherches en parcourant le royaume de Naples. Son extrême exactitude doit faire regretter que les circonstances ne lui aient pas permis l'exécution de ce projet.

(2) Il est à remarquer que les colonnes d'angles de ces monumens étaient un peu plus fortes de diamètre que les autres colonnes, et que leur espacement avec la pénultième en est diminué de trois quarts de modules, plus ou moins.

Vitruve, liv. 3, pl. 20, enseigne même que, dans la formation de ces temples, la colonne d'angle doit être hors de son aplomb, et inclinée vers la face du temple de toute sa diminution par le haut, ce qui n'a pas été remarqué dans les trois temples que nous venons de citer, et ne paraîtrait être qu'une opinion de l'auteur.

DES DIVERS CHAPITEAUX DE COLONNES
APPARTENANT AU MÊME ORDRE.

PLANCHE. IX.

Les exemples précédens font suffisamment connaître l'ordre Dorique grec; cependant ce même ordre étant employé aux Propylées d'Athènes (1), ainsi qu'au Portique d'Auguste, presque avec les mêmes proportions, nous avons cru nécessaire d'y joindre le chapiteau des Propylées, remarquable par sa belle forme, et peu différent de celui de l'ordre intérieur du Panthéon. Nous avons joint aussi, pour servir de comparaison, celui du Portique d'Auguste, qui s'éloigne sensiblement de la proportion et de la belle forme des précédens. Les chapiteaux du petit temple de Pœstum et de la basilique du même lieu, sont des exemples que nous abandonnons au goût de ceux à qui ils pourraient convenir. Les suivans, trouvés aussi à Pœstum, ne sont pas sans quelque mérite, malgré la trop grande saillie de leur tailloir.

Remarque.

Il existe un défaut de liaison ou d'alignement entre les colonnes et les murs, tant de face que latéraux, qui ferment ces temples, particulièrement vers les saillies qu'on nomme antes.

Les antes, sans être précisément des pilastres propres à recevoir des soffites d'architrave parallèlement aux colonnes extérieures, sembleraient néanmoins devoir en tenir lieu. Un auteur a avancé que la charpente du grand temple de Pœstum était apparente sous le péristyle (2). En effet, les chapiteaux ou les moulures qui en tiennent lieu, dont les antes sont ornés, ne paraissent point avoir supporté de platebandes; on n'en retrouve aucune trace, et d'ailleurs ils diffèrent tellement des chapiteaux des colonnes, qu'ils semblent être un hors-d'œuvre, sans autre but que de terminer avec une sorte de grâce ces mêmes bouts de murs, dont l'aspect serait désagréable sans cet ornement.

Nous avons donné le profil de ces espèces de chapiteaux, et celui de leurs bases. On pourrait peut-être les employer avec quelque succès comme chapiteaux de pilastres, si on les mettait en rapports parallèles avec ceux des colonnes, surtout dans le cas où les colonnes seraient très-rapprochées du mur qui leur servirait d'arrière-corps. Nous préfèrerions même cette sorte de couronnement aux chapiteaux tronqués, dont la mutilation est toujours désagréable à l'œil. L'altération d'un chapiteau de pilastre ou de colonne (de l'Ionique (3) et du Corinthien plus particulièrement) détruit nécessairement la beauté qui résulte de l'ensemble de ses rapports.

L'ordre Dorique grec décrit dans cette section comme le type du genre, puisqu'on ne trouve rien de bien régulier au delà, est d'un emploi difficile, relativement à nos goûts et à nos usages. Ornement des temples grecs, il annonçait autrefois la majesté des dieux; mais, de nos jours, il ne peut guère plus être employé que pour la décoration des édifices, sinon du dernier ordre, au moins du genre qui exige un caractère mâle et sévère.

(1) David Leroy, notre digne professeur, dont la mémoire nous est toujours chère, a le premier propagé en France le goût de l'architecture grecque. Il avait vu Athènes, mesuré quelques-uns de ses édifices, et il en a formé un œuvre aussi intéressant qu'instructif. (Voyez *Ruines des beaux Monumens de la Grèce*, par D. Leroy.) Des recherches plus approfondies lui ont fait contester quelques détails. (Voyez Stuart, mêmes édifices.) Mais ce qui n'a pu lui être contesté, c'est cet élan vers le beau, ce sentiment d'admiration pour les anciens, qu'il eut l'art d'inspirer à ses élèves, et qui leur fit abandonner ces formes bizarres, cette architecture resautée et mesquine, au goût de laquelle ils se laissaient entraîner.

Marie-Joseph Peyre, dans le même tems, mit au jour son OEuvre d'Architecture, résultat de ses recherches dans les Antiquités romaines. Cet ouvrage fut reçu avec tout l'intérêt qu'il méritait; il fortifia la lumière que D. Leroy s'efforçait de répandre; le style changea; les élèves de l'Académie brûlèrent de voir Rome et l'Italie. Cette noble émulation fut la source des progrès que l'art a faits depuis.

(2) Voyez l'OEuvre de Delagardette, sur les temples de Pœstum, pl. 5 et 6, et pag. 43.

(3) Voyez les planches 19 et 20, pour les ordres Ioniques grecs.

Planche IX.

DIVERS CHAPITEAUX DORIQUES GRECS.

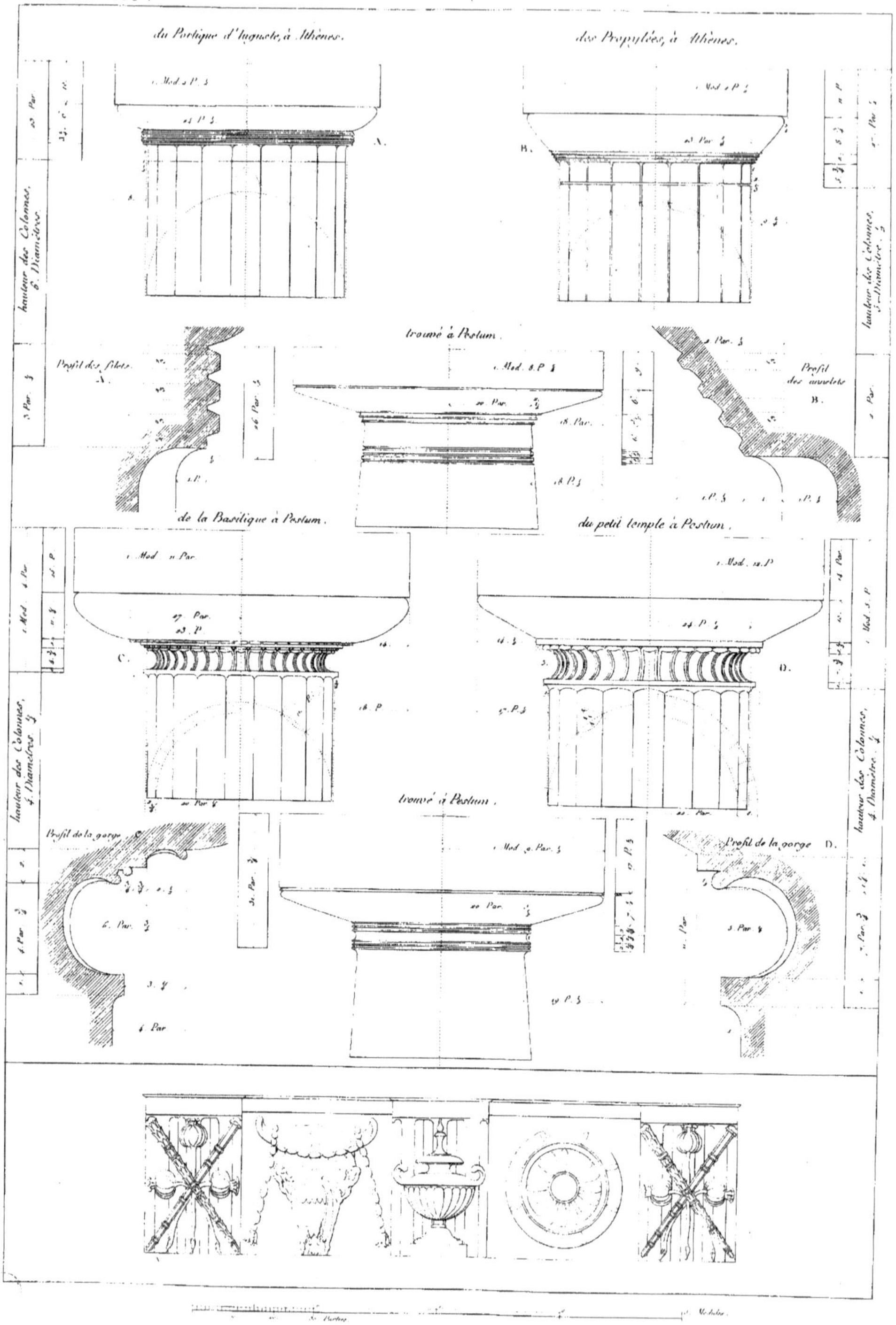
du Portique d'Auguste, à Athènes.
des Propylées, à Athènes.
hauteur des Colonnes, 6. Diamètres.
hauteur des Colonnes, 5. Diamètres ½
Profil des filets A.
Profil des annelets B.
trouvé à Pestum.
de la Basilique à Pestum.
du petit temple à Pestum.
hauteur des Colonnes, 4. Diamètres ½
hauteur des Colonnes, 4. Diamètres ½
trouvé à Pestum.
Profil de la gorge C.
Profil de la gorge D.

Planche X.

BASE, CHAPITEAU ET ENTABLEMENT DORIQUE,
du Théâtre de Marcellus à Rome.

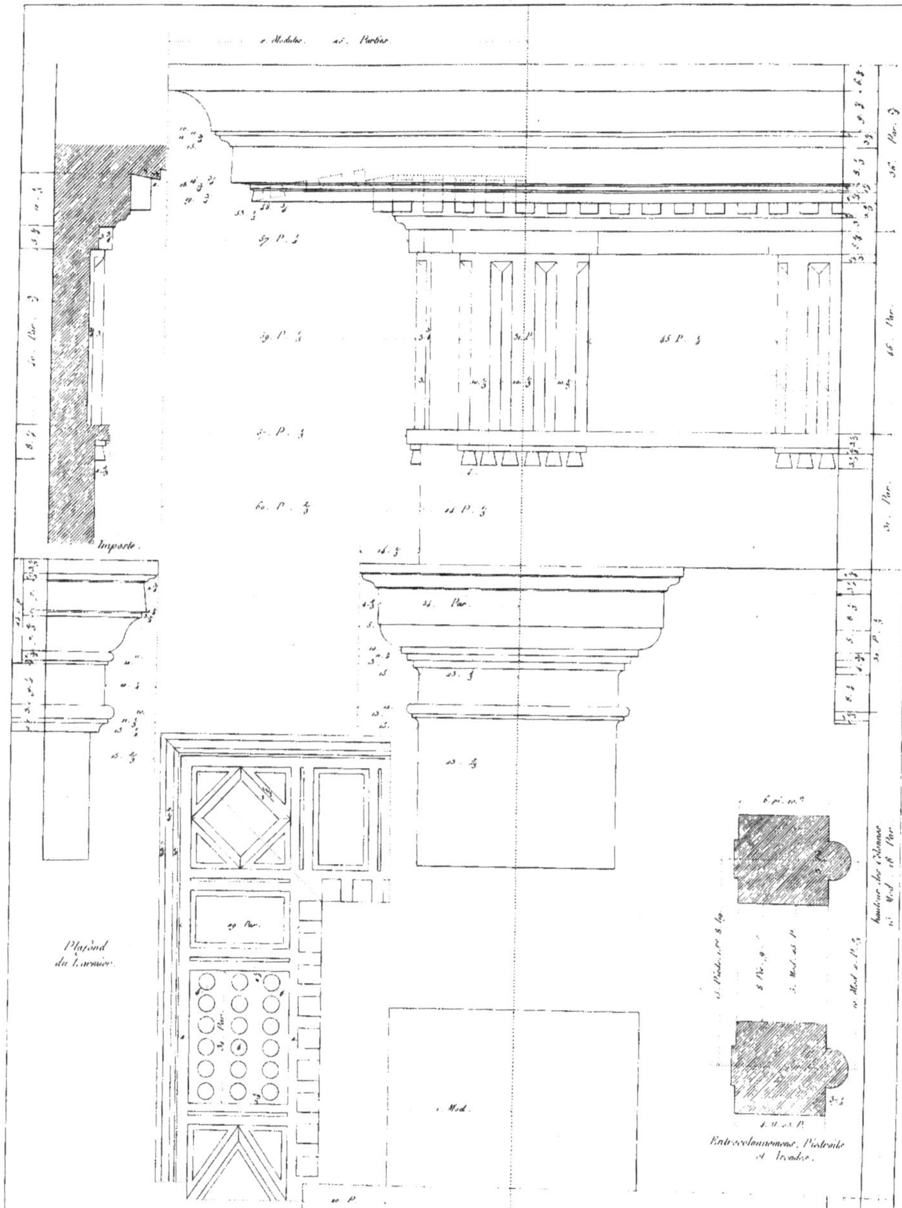
Imposte.
Plafond
du Larmier.
Entrecolonnemens, Piédroits
et Arcades.

Planche XI.

COLONNE, CHAPITEAU ET ENTABLEMENT DORIQUE
découvert à Albane près de Rome.

DES ORDRES DORIQUES ROMAINS.

L'ordre Dorique romain n'a de rapport avec celui des Grecs, que par les triglyphes et les gouttes, soit au plafond du larmier, soit au dessous de ces mêmes triglyphes. Le chapiteau de sa colonne diffère du chapiteau grec dans tout son ensemble. Seulement les fûts des colonnes, comme ceux de l'ordre Dorique grec, sont sans bases. La partie inférieure de la corniche a des denticules. Cet ordre semble composé du Dorique et de l'Ionique grecs.

DORIQUE DU THÉATRE DE MARCELLUS.

Planche X.

Le théâtre de Marcellus, à Rome, présente dans sa décoration extérieure trois ordres avec portiques, les uns au dessus des autres. Le premier est Dorique; sa proportion, mâle et élégante en même temps, a fixé l'œil attentif et exercé des architectes; c'est celui que les auteurs modernes paraissent s'être proposé pour modèle, et dont nous donnons ici la gravure (1). Il suffirait peut-être, pour le rendre parfait, de modérer quelques saillies, et de modifier quelques moulures. Le tailloir de son chapiteau paraît un peu fort. On jugera mieux de ces réflexions par les exemples qui vont suivre.

DORIQUE D'ALBANE.

Planche XI.

Cet ordre découvert à Albane près de Rome, et qui semble avoir servi de modèle à Vignole pour son Dorique mutulaire, était bien fait pour l'inspirer (2). Son entablement, d'une toute autre forme que le précédent, et que celui qui suit, produit un grand effet par le plafond de son larmier. Ses triglyphes, dont les canaux ne posent pas immédiatement sur la bandelette de l'architrave qui ressaute comme eux, le terminent assez bien. Il paraît qu'alors c'était le goût des Romains, dans l'architrave de cet ordre, de donner beaucoup de saillie aux triglyphes. Le chapiteau, suivant nous, en est parfait. Vignole l'a simplifié.

(1) D'après les dessins de M. Vaudoyer.

(2) Voyez les planches 16 et 17 de l'ordre Dorique du temple de Pœstum, pour l'arrangement des gouttes sous le larmier, dont celui d'Albane paraîtrait dériver.

DORIQUE DES THERMES DE DIOCLÉTIEN.

PLANCHE XII.

Ce troisième exemple, tiré des Thermes de Dioclétien, est d'une belle proportion. La pureté du profil de sa corniche, ses moulures ornées, ses denticules en forme grecque, ajoutent à la richesse de son ensemble. La plate-bande qui couronne le triglyphe, dont le talon, au dessus, ne se profile pas comme elle, est peut-être un peu saillante. L'architrave soutient parfaitement le style de la corniche. Le chapiteau, quoique d'un bon goût, n'a cependant pas le caractère mâle de celui d'Albane. Nous croyons que le quart de rond, sous le tailloir de ce dernier, est préférable à la doucine ornée du premier. Ces trois ordres sont à peu près les seuls que l'on puisse citer, comme ceux dont le style se rapproche le plus particulièrement. Les colonnes de ces ordres sont sans bases.

Planche XII.

COLONNE, CHAPITEAU ET ENTABLEMENT DORIQUE,

des Thermes de Diocletien.

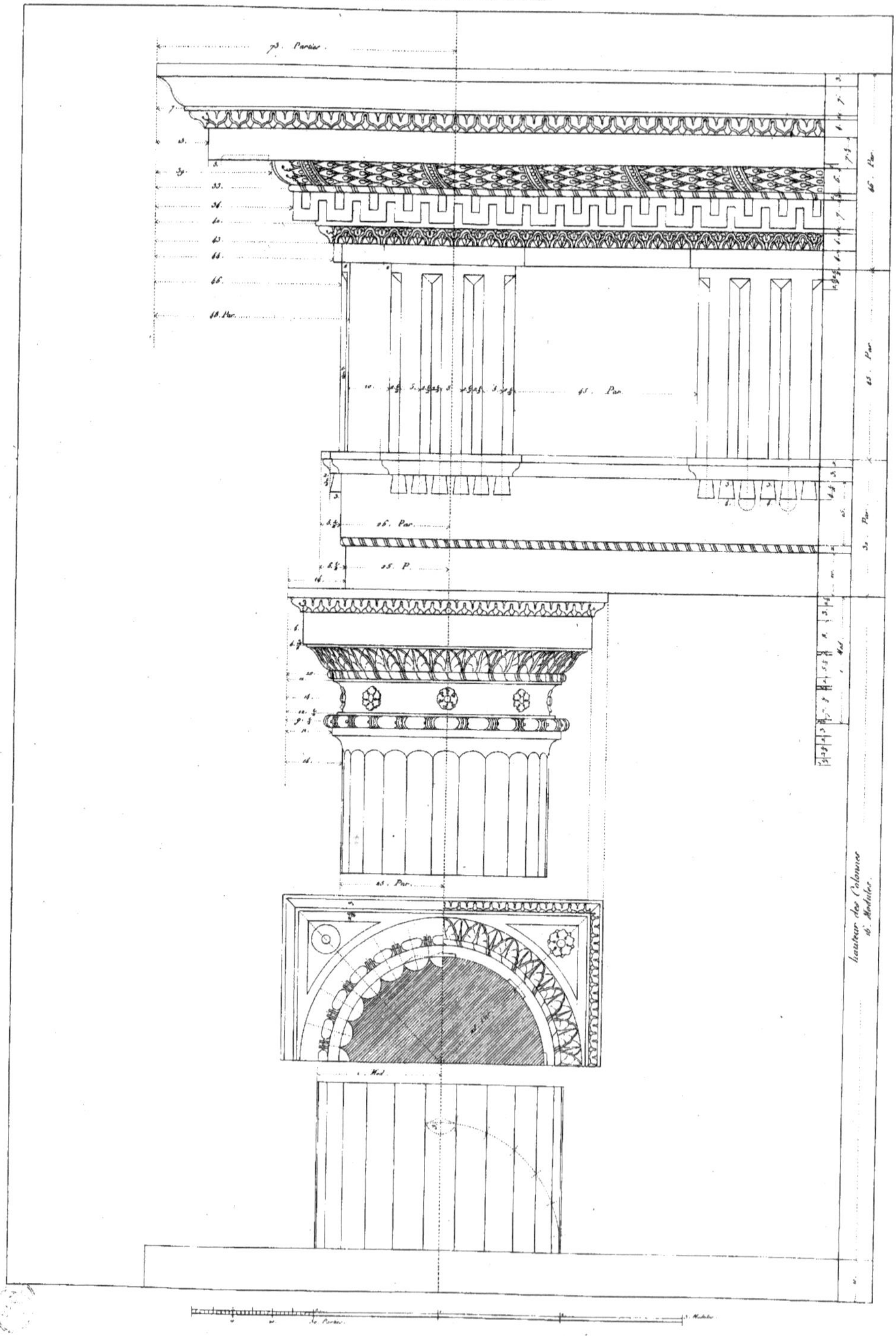

Planche XIII.

PIEDESTAL, BASE, CHAPITEAU ET ENTABLEMENT DORIQUE,
d'André Palladio.

Socle de la Base
Piedestal
Imposte et Archivoltes
Base.
hauteur de la Colonne, 15. Mod. sans Base
16. Mod. avec la Base, et même 17. Mod. posée sur un Piedestal.
Entrecolonnement simple Élevé sur des marches
Arcades entre des Colonnes Élevées sur leurs Piedestaux
soffite
Centre

PIEDESTAL, BASE, CHAPITEAU ET ENTABLEMENT DORIQUE,
de Vincent Scamozzi.

Planche XIV.

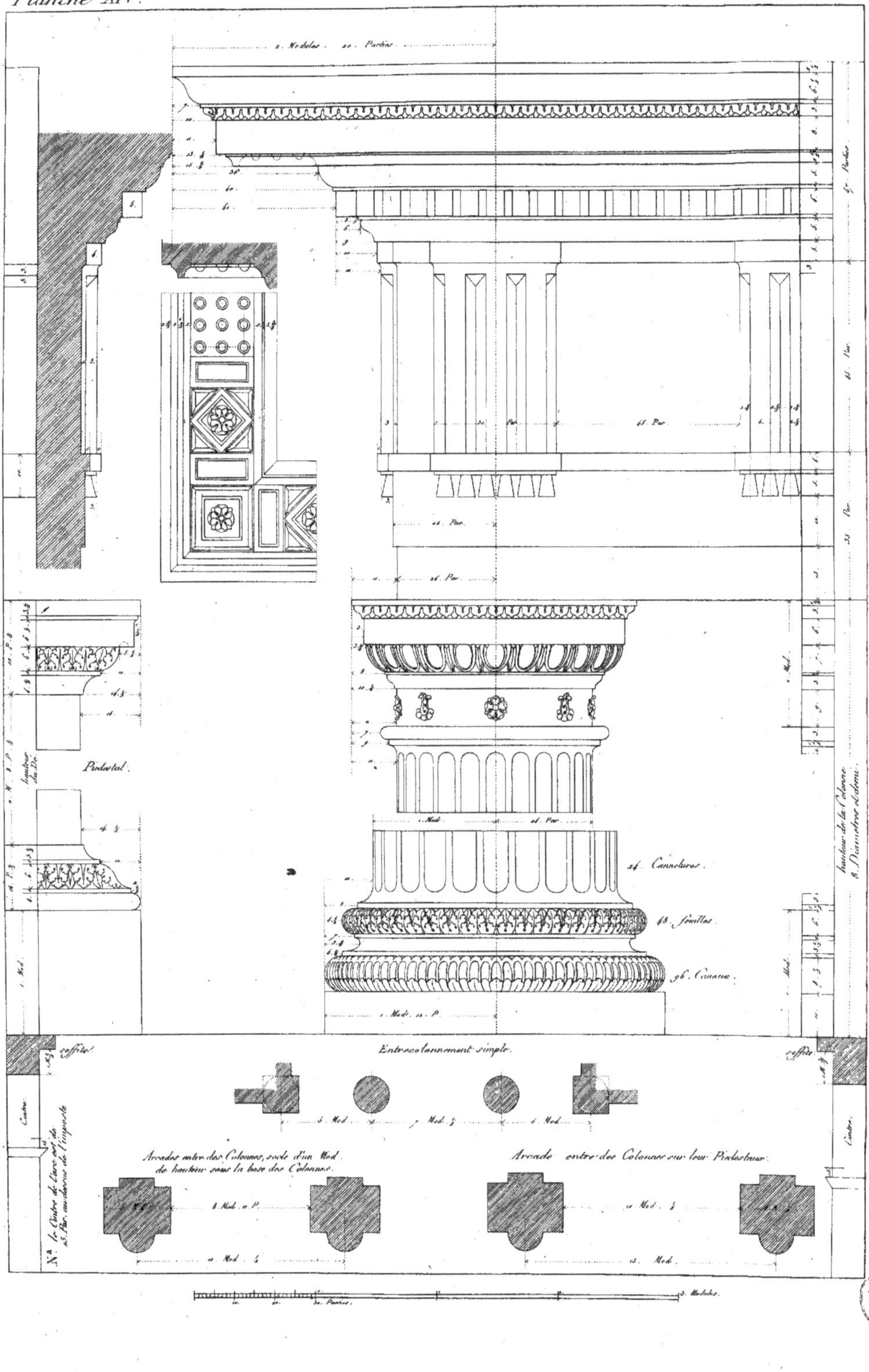

Entrecolonnement simple.
Arcades entre des Colonnes, socle d'un Mod. de hauteur sous la base des Colonnes.
Arcade entre des Colonnes sur leur Piedestaux.
24. Cannelures.
48. feuilles.
96. Canaux.
Piedestal.
soffite.
Centre.
hauteur de la Colonne 8. Diamètres et demi.

Planche XV.

PIEDESTAL, BASE, CHAPITEAU ET ENTABLEMENT DORIQUE,
de J. Barozzio de Vignole.

Plafond du Larmier.
Imposte et Archivolte.
Piedestal.
Chapiteau
Base
Entrecolonnement simple.
Arcades entre des Colonnes
Arcades entre des Colonnes sur des Piedestaux.
Modules

ORDRES DORIQUES MODERNES.

A. Palladio, V. Scamozzi et J. Barrozzio de Vignole, tout en se rapprochant à certains égards, offrent assez de variétés pour que l'artiste puisse choisir et se déterminer suivant son goût.

ANDRÉ PALLADIO.

Planche XIII.

Palladio n'a pas copié servilement l'antique, mais il s'en est écarté fort peu. Il a donné moins de saillie à sa corniche que n'en a celle du même ordre au théâtre de Marcellus; peut-être a-t-il un peu renfoncé ses gouttes pendantes sous le larmier; mais son but peut avoir été de présenter à l'œil, par ce moyen, plus de grandeur dans sa corniche, et de compenser ainsi la saillie qu'il a jugée à propos de diminuer. Il n'a point de denticules. Ses triglyphes sont saillans, la bandelette qui couronne les gouttes ressaute, celle antique passe sans interruption; son chapiteau est le même; il n'en diffère seulement que par la proportion des moulures. Son imposte est ajusté dans les mêmes principes.

VINCENT SCAMOZZI.

Planche XIV.

Scamozzi a puisé son ordre Dorique à une autre source, à celui des Thermes de Dioclétien, et il a presque la même dimension dans l'ensemble : les moulures seulement y sont changées de proportion. Il a orné le plafond de son larmier, fait saillir davantage le triglyphe, mis une simple bandelette à l'architrave au dessus des gouttes, et l'a fait aussi ressauter. Son chapiteau a une certaine grâce. La base de sa colonne est trop riche pour son entablement, dont il n'a orné qu'une seule moulure (1).

J. BAROZZIO DE VIGNOLE.

Planche XV.

Vignole, après s'être pénétré des proportions de l'ordre Dorique du théâtre de Marcellus, a disposé toutes les parties du sien de manière à ce qu'il puisse être employé en premier ordre et isolément. Son modèle, en certains endroits, tient davantage au style grec. L'ar-

(1) Scamozzi, outre le chapiteau de son ordre, en donne deux autres de pilastres, dont l'un ressemble au chapiteau du théâtre de Marcellus, et l'autre à celui du Dorique trouvé à Albane. (Voyez pl. 10 et 11.)

chitrave de Vignole paraît moins grande, sa bandelette étant plus forte, et il ne la fait pas ressauter, comme l'ont fait Palladio et Scamozzi. Toutes ces différences cependant ne sont point au désavantage de l'ordre Dorique de cet auteur, dont le mérite, reconnu depuis long-tems, est toujours apprécié.

DORIQUE MUTULAIRE DE VIGNOLE.

Planche XVI.

Vignole nous paraît avoir réuni dans son entablement mutulaire toutes les perfections : il n'y laisse rien à désirer. Cet ordre convient parfaitement pour la décoration extérieure, par la fermeté de son profil et la saillie de sa corniche, pour rejeter au loin les eaux pluviales. Tout concourt à son adoption sous ce rapport, en même tems que celui d'Albane pourrait s'employer avec succès, dans les intérieurs, comme les vestibules, les galeries et les portiques.

Alberti a fait aussi la corniche de son ordre Dorique, mutulaire, mais celle de Vignole lui est de beaucoup préférable.

On peut aussi consulter l'ordre du temple de Thésée, planche 6, pour les mutules dans la corniche.

PHILIBERT DELORME ET JOSEPH VIALA.

Planche XVII.

Le Dorique de Ph. Delorme, que nous avons dû citer aussi, et dont la simplicité n'est pas sans mérite, conviendrait parfaitement pour la décoration des portes et des croisées ; ces sortes d'ajustemens n'exigeant point tous les détails dont se compose un entablement de couronnement. Delorme, tout en se rapprochant du Dorique décrit par Vitruve (1), l'a encore simplifié. Serlio, Barbaro, Catanéo et Bulant, sont dans le même style, et presque dans la même proportion.

L'Ionique et le Corinthien de Delorme n'offrant point un grand intérêt, nous ne les joindrons pas à cet ouvrage.

J. Viala paraît avoir imité son Dorique de celui de Palladio. Tous, excepté Vignole, ont adopté pour cet ordre la base appelée vulgairement base attique, en lui donnant la proportion qu'ils ont jugé le mieux lui convenir. Les autres ordres de Viala se rapprochant beaucoup de Palladio, ou de Scamozzi, nous n'avons pas cru devoir les reproduire.

NOMS DES MOULURES DE L'ORDRE DORIQUE DENTICULAIRE DE VIGNOLE.

De la corniche.

A. Réglet.
B. Cavet.
C. Filet.
D. Talon.
E. Couronne, ou larmier.
F. Filet qui couronne les denticules.
G. Denticules.
H. Face, ou fond des denticules, ou métoché.
I. Talon.
K. Bande, ou chapiteau des triglyphes.

De la frise.

L. Métopes.
M. Triglyphes.

(1) Vitruve, trad. par C. Perrault, chap. 3.

Planche XVI.

ORDRE DORIQUE MUTULAIRE,
de J. Barrozzio de Vignole.

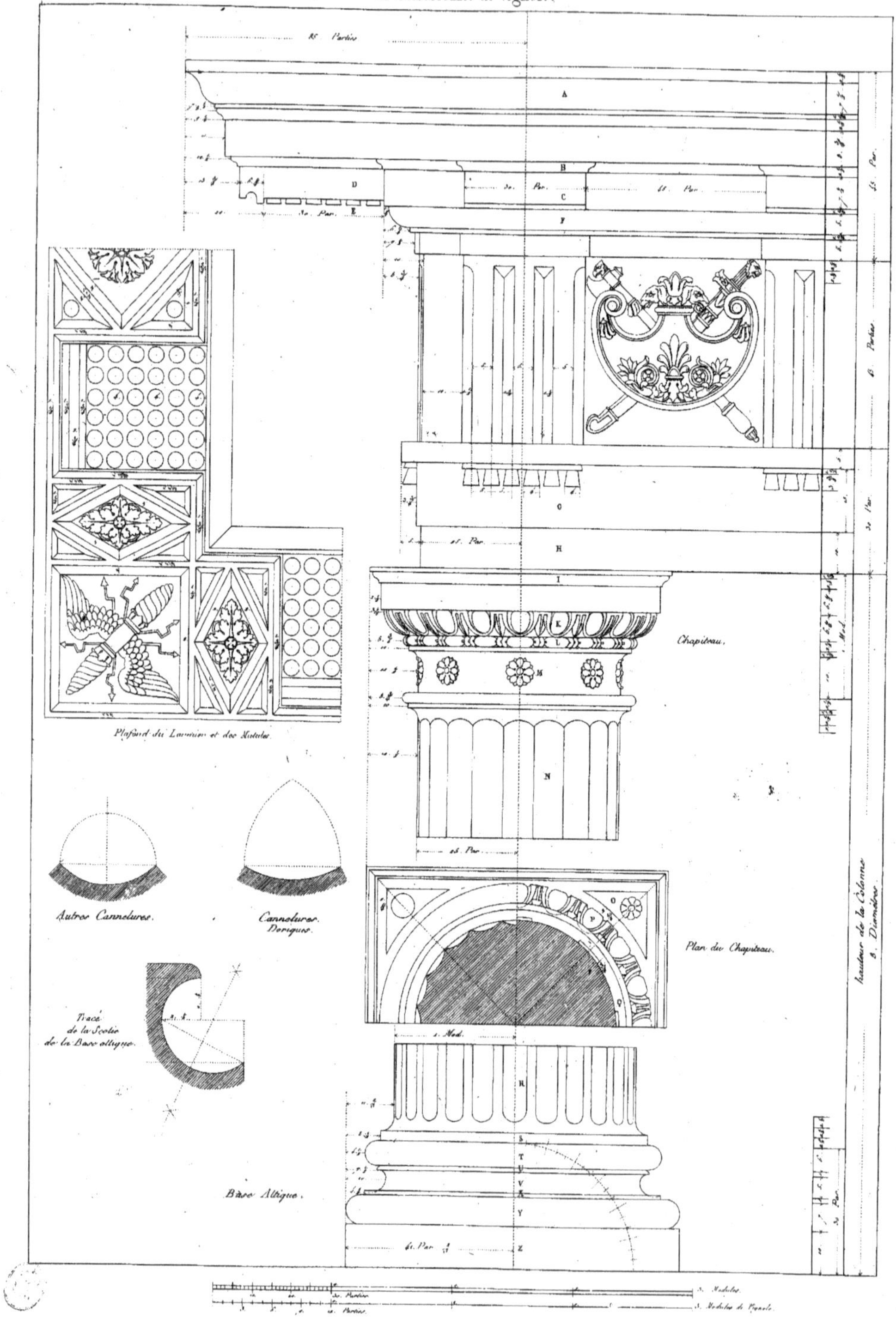
Plafond du Larmier et des Mutules
Chapiteau.
Plan du Chapiteau.
Autres Cannelures.
Cannelures Doriques.
Tracé de la Scotie de la Base attique.
Base Attique.
hauteur de la Colonne 8. Diamètres

Planche XVII.

ORDRE DORIQUE
de Joseph Viala et de Philibert de Lorme.

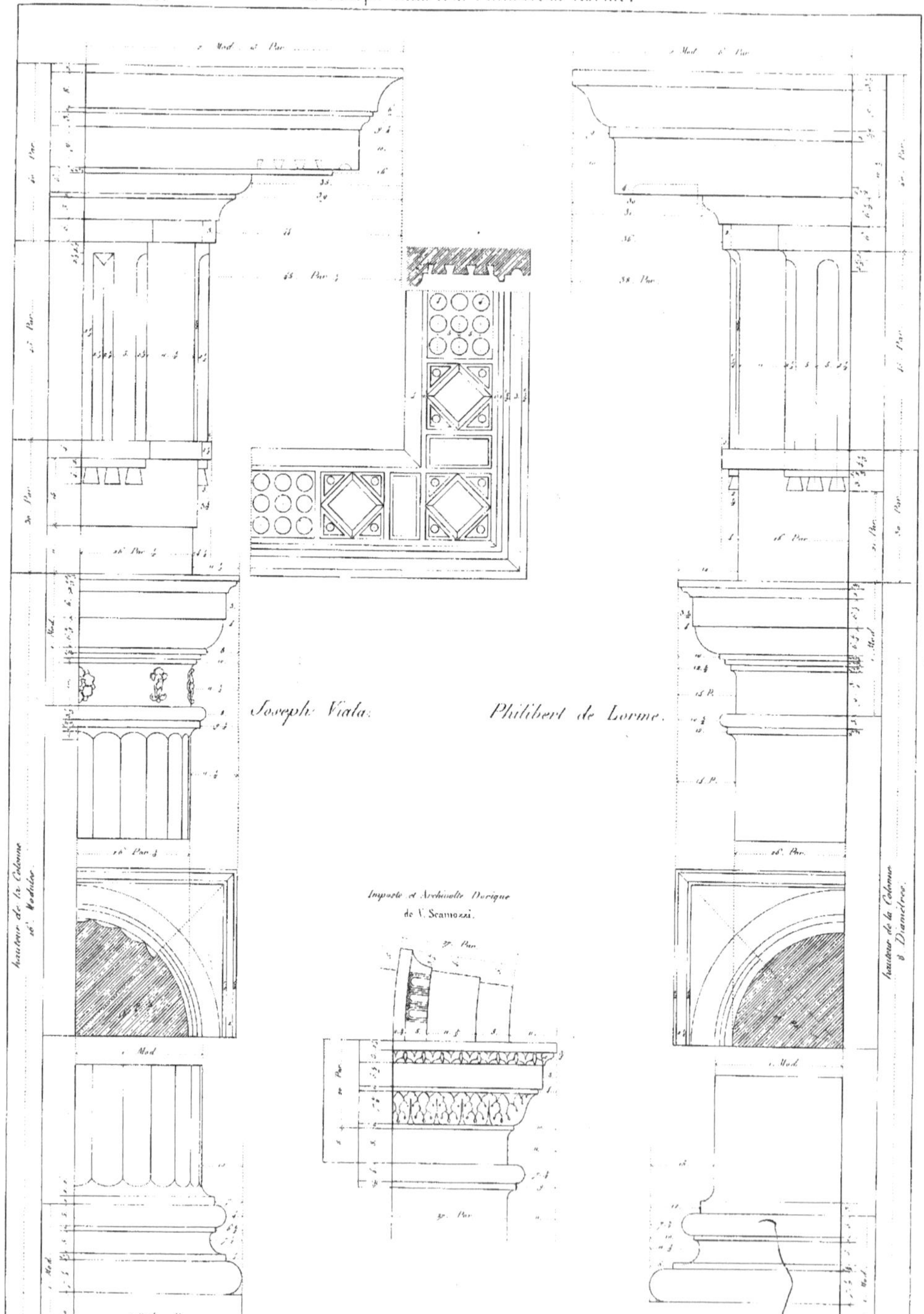
Joseph Viala.
Philibert de Lorme.
hauteur de la Colonne 16 Modules
hauteur de la Colonne 8 Diamètres
Imposte et Archivolte Dorique de V. Scamozzi.

De la frise.

N. Côtes.
O. Canaux.
P. Demi-canaux.

De l'architrave.

Q. Bandelette, ou cymaise.
R. Filet des gouttes.
S. Gouttes.
T. Face, ou plate-bande.

Du chapiteau.

U. Réglet.
V. Talon.
X. Tailloir, ou abaque.
Y. Ove, ou quart de rond.
Z. Annelets, ou filets.
a. Gorgerin.

De la colonne.

b. Astragale.
c. Ceinture, ou orle.
d. Fût, ou vif de la colonne.
e. Cannelures à vives arêtes.
f. Orle, ou ceinture.

De la base.

g. Baguette, ou astragale.
h. Tore.
i. Plinthe, ou socle.

Du piédestal.

k. Réglet.
l. Quart de rond.
m. Filet.
n. Larmier.
o. Talon.
p. Dé.
q. Listel.
r. Baguette.
s. Talon renversé.
t. Plinthe.
u. Socle.

De l'imposte et de l'archivolte.

v. Réglet.
x. Quart de rond.
y. Baguette.
z. Filet.
a. 2e face.
b. 1re face.

Du plafond de la corniche.

c. Bec.
d. Canal.
e. Gouttes du larmier.
f. Caissons.

NOMS DES PRINCIPALES MOULURES DE L'ORDRE DORIQUE MUTULAIRE DE VIGNOLE.

De la corniche.

A. Gueule droite, doucine, ou cymaise.
B. Talon des mutules.
C. Mutules.
D. Profil des mutules.
E. Gouttes sous les mutules.
F. Quart de rond.

De l'architrave.

G. Grande face.
H. Petite face.

Du chapiteau.

I. Talon qui peut être taillé de rais de cœur.
K. Quart de rond taillé d'oves.
L. Baguette taillée d'olives et d'amandes.
M. Roses, ornemens du gorgerin.
N. Cannelures, au nombre de vingt.

Du plan du chapiteau.

O. Plafond du tailloir.
P. Oves correspondans sur les cannelures.
Q. Place des roses.

De la base attique.

R. Cannelures, au nombre de vingt-quatre, creusées en demi-cercle, et séparées par une bande ou côte.
S. Ceinture.
T. Tore supérieur.
U. Listel taillé en quart de rond.
V. Scotie, ou nacelle.
X. Listel.
Y. Tore inférieur.
Z. Plinthe de la base.

ORDRES IONIQUES GRECS.

L'ordre Ionique grec réunit parfaitement le simplicité à l'élégance; mais il faut convenir qu'il est le moins régulier de tous les ordres, par la forme et l'aspect inégal de son chapiteau, ce qui rend son emploi très-difficile pour les colonnes en retour d'équerre. Les exemples pris dans les temples grecs, et dont nous donnons la gravure, ne font pas disparaître cette difficulté, qui mériterait d'être profondément méditée. La volute ployée et arrondie aux angles extérieurs, ployée en retour d'équerre à l'intérieur, rompt désagréablement les lignes que l'on aime à retrouver dans l'architecture. Le respect que nous inspirent les monumens antiques nous interdirait sans doute ces réflexions si notre zèle pour la perfection de l'art nous permettait de les dissimuler.

TEMPLE D'ORDRE IONIQUE SUR L'ILISSUS A ATHÈNES (1).

Planche XVIII.

Ce temple est du style le plus simple, et n'a pour ornemens que les oves de son chapiteau, les cannelures du fût de la colonne et le tore supérieur de sa base, décoré de cannelures horizontales. Cette simplicité laisse briller de tout son effet le bas-relief sculpté dans la frise.

DÉTAILS DE L'ORDRE DU MÊME TEMPLE.

Planche XIX.

La planche 19 présente le plan d'un des chapiteaux pris sur l'angle du temple, la face latérale de ce chapiteau, la forme de la saillie de ses volutes aux angles extérieurs et intérieurs, avec le développement en grand d'une des volutes vue de face, ses dimensions et la manière d'en contourner la spirale : le profil des antes, ainsi que celui de leurs bases.

DU TEMPLE DE MINERVE POLIADE A ATHÈNES.

Planche XX.

L'ordre Ionique du temple de Minerve Poliade est riche par ses détails; presque toutes ses moulures sont ornées. L'architrave de son entablement a trois bandes; la frise est beaucoup

(1) Ce temple paraîtrait être celui dédié à Cérès. *Voyage du jeune Anacharsis*, Mystère d'Eleusis, chap. 68.

Planche XVIII.

BASE, CHAPITEAU ET ENTABLEMENT IONIQUE,
du Temple sur l'Ilissus à Athènes.

PLAN PRIS À L'ANGLE ET PROFIL DU CHPITEAU IONIQUE,

Planche XIX. du Temple sur l'Ilissus à Athènes.

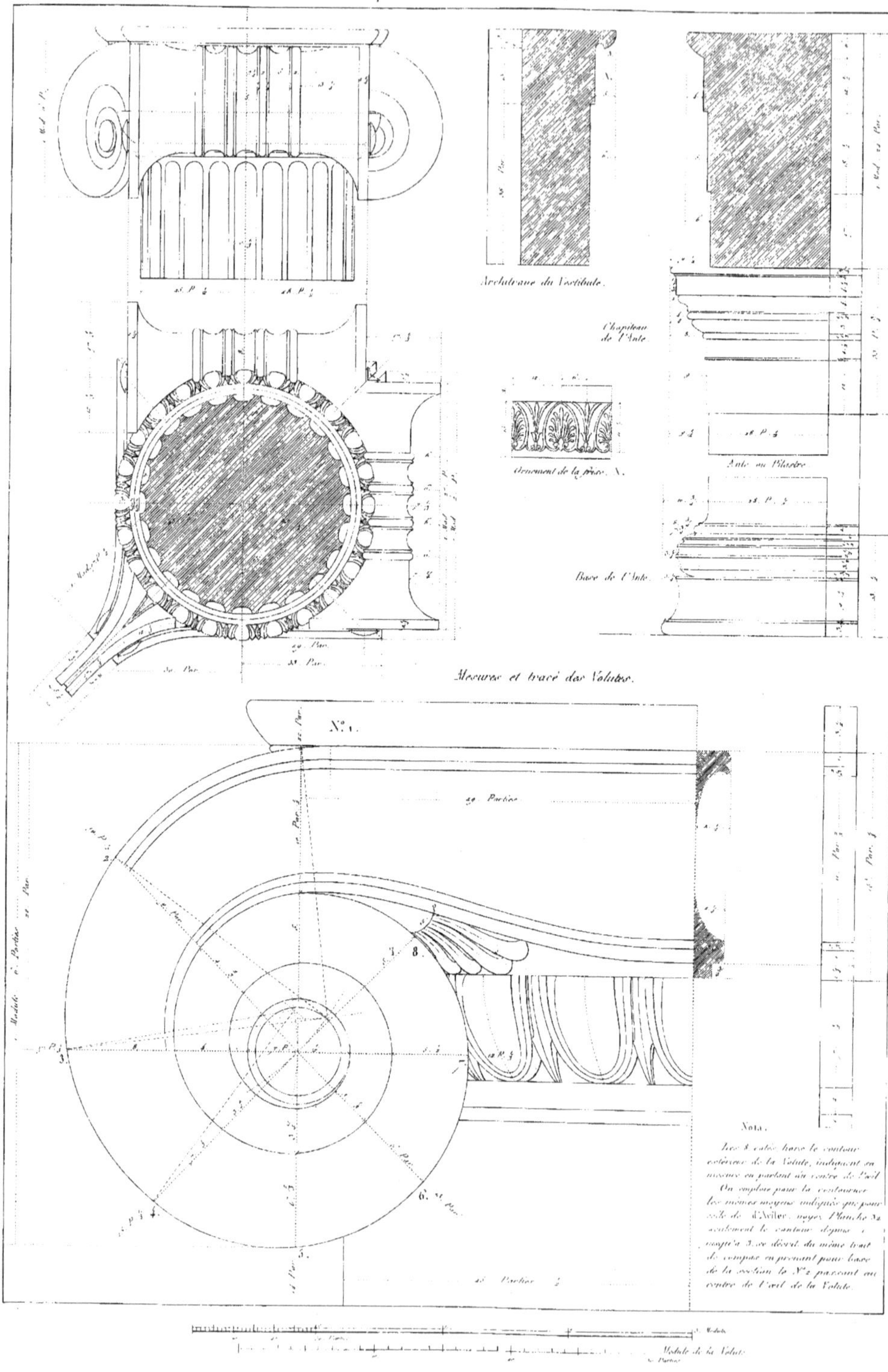
Architrave du Vestibule.
Chapiteau de l'Ante.
Ornement de la frise A.
Ante ou Pilastre.
Base de l'Ante.
Mesures et tracé des Volutes.
N°1.
29 Parties
Nota.
Les 8 cotés hors le contour extérieur de la Volute, indiquent en mesures en partant du centre de l'œil.
On emploie pour la contourner les mêmes moyens indiqués que pour celle de d'Aviler, voyez Planche 32 seulement le contour depuis 1 jusqu'à 5 se décrit du même trait de compas en prenant pour base de la section le N°2 passant au centre de l'œil de la Volute.
Module de la Volute

Planche XV.

BASE, CHAPITEAU ET ENTABLEMENT IONIQUE,
du Portique du Temple de Minerve Poliade à Athènes.

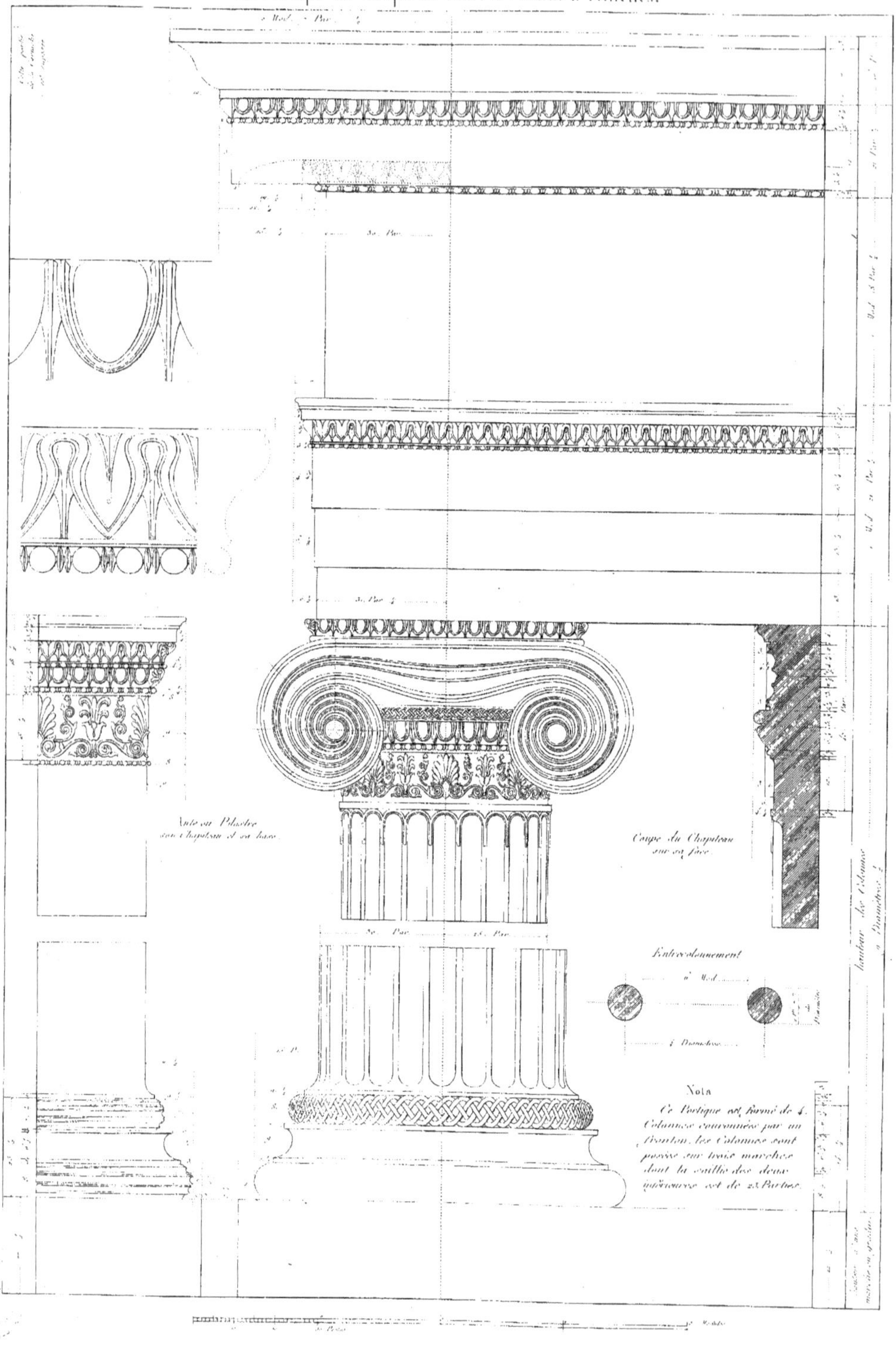

Ante ou Pilastre
son Chapiteau et sa base.
Coupe du Chapiteau
sur sa face.
Entrecolonnement
Nota
Ce Portique est formé de 4.
Colonnes couronnées par un
Fronton, les Colonnes sont
posées sur trois marches
dont la saillie des deux
inférieures est de 23 Parties.

PLAN PRIS A L'ANGLE ET PROFIL DU CHAPITEAU IONIQUE,
du Portique du Temple de Minerve Poliade à Athènes.

Planche XXI.

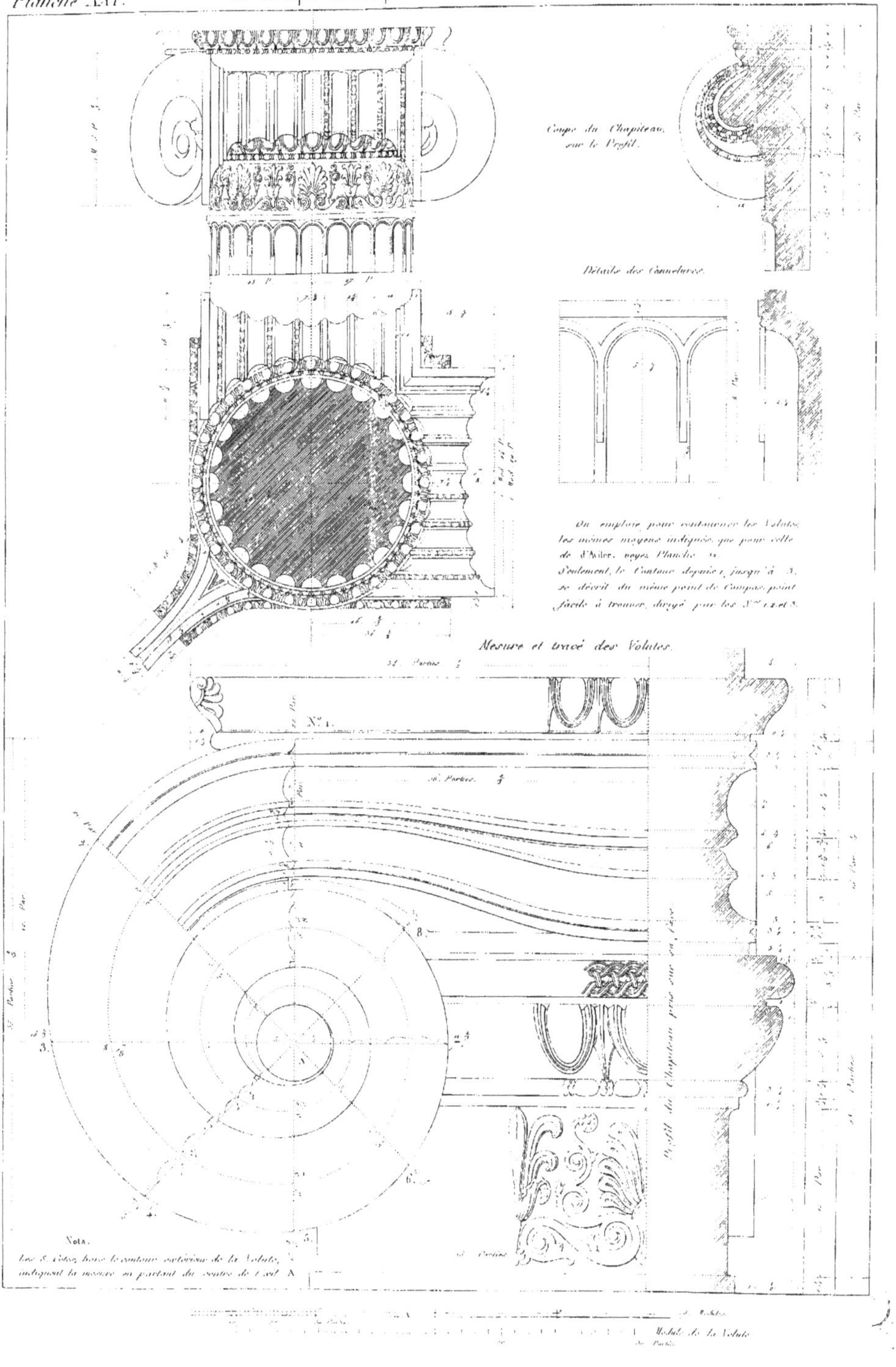
Coupe du Chapiteau sur le Profil.
Détails des Cannelures.
On emploie pour contourner les Volutes les mêmes moyens indiqués que pour celle de d'Aviler, voyez Planche
Seulement, le Contour depuis 1, jusqu'à 3, se décrit du même point de Compas, point facile à trouver, dirigé par les N.os 1.2.et 3.
Mesure et tracé des Volutes.
N°1.
Profil du Chapiteau pris sur sa face
Nota.
Les 8. Cotes, hors le contour extérieur de la Volute, indiquant la mesure en partant du centre de l'œil A.
Module de la Volute

Planche XXII.

BASES ET CHAPITEAUX IONIQUES DE LA FACE OCCIDENTALE,
du Temple de Minerve Poliade et du Portique du Temple d'Erechthée à Athènes.

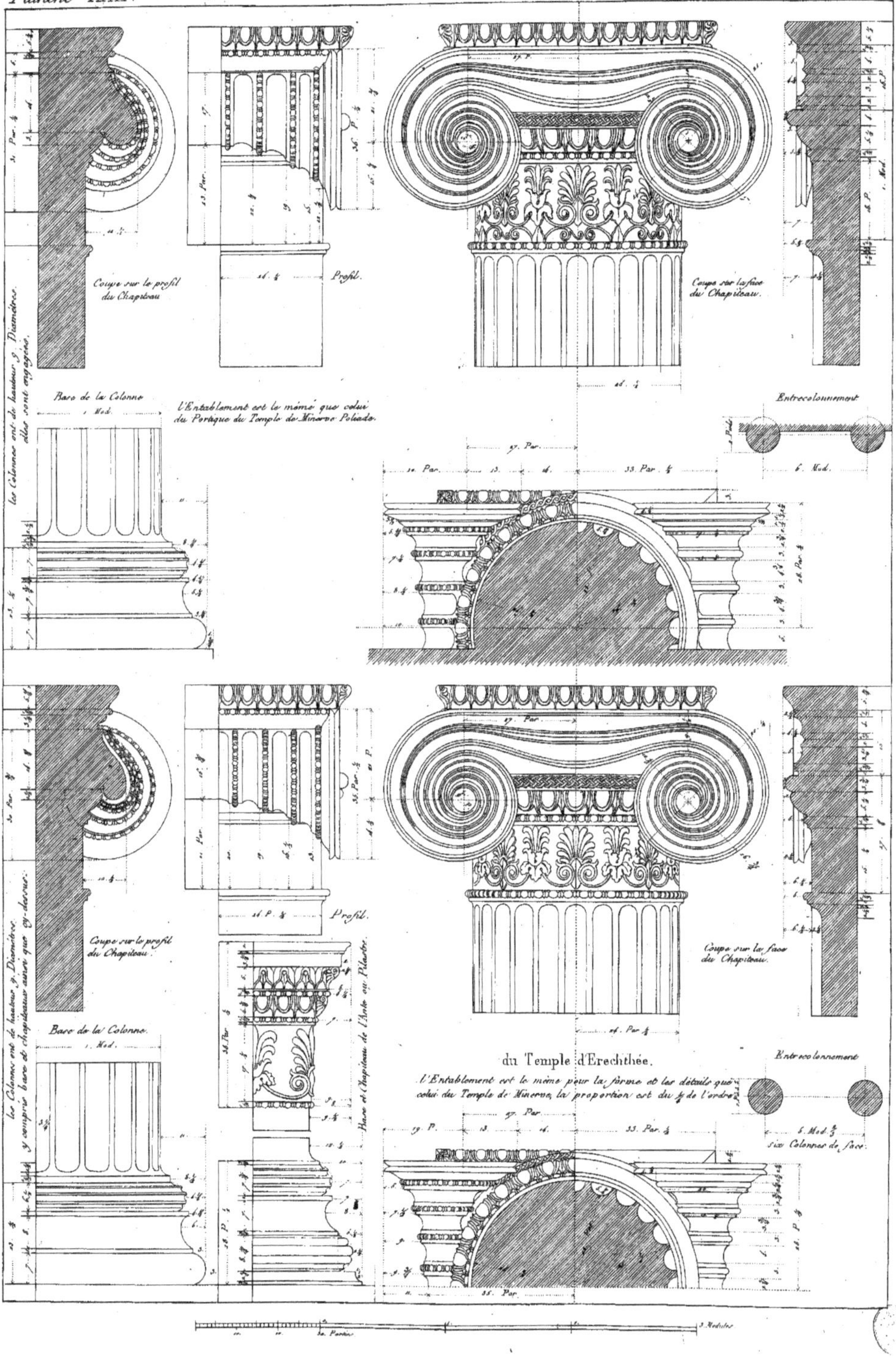

Coupe sur le profil du Chapiteau
Profil.
Coupe sur la face du Chapiteau.
Les Colonnes ont de hauteur 9. Diamètres. elles sont engagées.
Base de la Colonne.
L'Entablement est le même que celui du Portique du Temple de Minerve Poliade.
Entrecolonnement.
Les Colonnes ont de hauteur 9. Diamètres y compris base et chapiteaux ainsi que cy-dessus.
Base et Chapiteau de l'Ante ou Pilastre.
du Temple d'Erechthée.
L'Entablement est le même pour la forme et les détails que celui du Temple de Minerve, la proportion est du 1/3 de l'ordre.
six Colonnes de face.
3. Modules

CHAPITEAUX IONIQUES GRECS.

Planche XXIII.

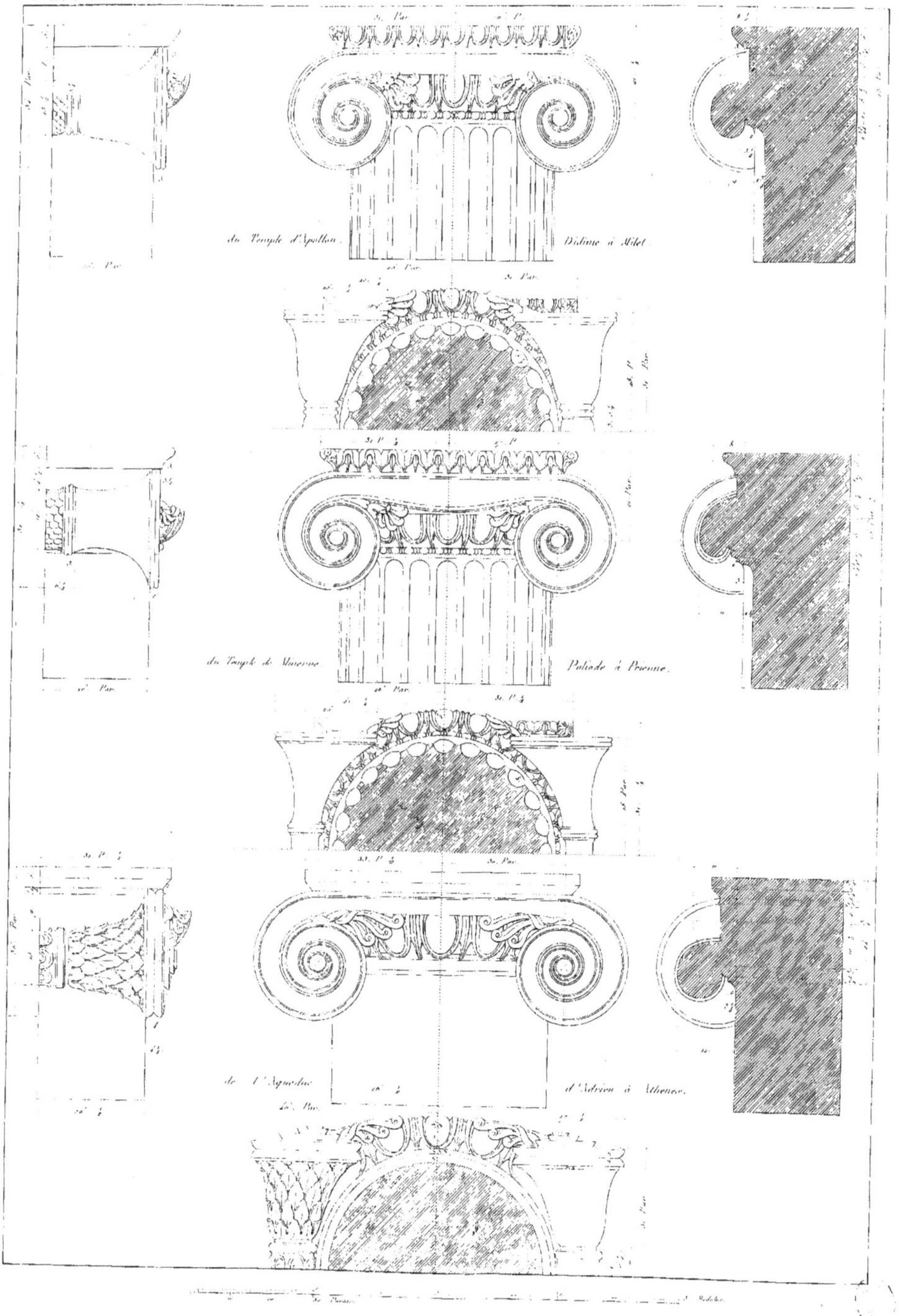
du Temple d'Apollon Didime à Milet.
du Temple de Minerve Poliade à Prienne.
de l'Aqueduc d'Adrien à Athènes.

plus haute, quoiqu'elle soit sans bas-relief. Il a, comme le précédent, une forte moulure prise dans l'épaisseur du larmier, ce qui augmente l'effet de son ensemble sans ajouter à sa masse. Entre le tailloir et le quart de rond, le chapiteau a deux rangs de moulures de plus qui circulent avec celle qui suit ordinairement le contour de la spirale. Il a un gorgerin orné, et un astragale sous lequel aboutissent les cannelures; au milieu de la côte qui sépare celles-ci, et par le haut seulement, saille une sorte de baguette. La base de la colonne nous paraît avoir pu servir de type pour celle que l'on nomme attique. Le chapiteau de l'ante est gracieux, et sa base, quoique taillée sur ses deux tores de canaux à double filet, a le même profil que la base de la colonne.

DÉTAILS DE L'ORDRE DU MÊME TEMPLE.

Planche XXI.

Cette planche représente en grand l'une des volutes des colonnes (la manière de la contourner est la même que la précédente, planche 19), la coupe de la face du chapiteau, le plan du chapiteau de l'une des colonnes angulaires, le profil et la coupe des coussinets, et les volutes d'angles extérieurs et intérieurs.

DU TEMPLE D'ÉRECHTHÉE A ATHÈNES.

Planche XXII.

Le chapiteau du haut de la gravure est celui des demi-colonnes engagées qui forment la face opposée à celle du temple de Minerve Poliade. Ce chapiteau, quoique présentant le même ensemble, a quelque différence dans sa proportion, dans les ornemens de son gorgerin et la figure de son astragale.

Le second chapiteau est celui du temple d'Erechthée, contigu à celui de Minerve. Même intention qu'aux précédens. C'est aussi le même entablement, et c'est à l'opposé de ce dernier que se joint le temple de Pandrose (1), de sorte que ces trois temples n'en forment pour ainsi dire qu'un seul. La base des antes de ce temple a une sorte d'originalité remarquable, qui est même répétée dans d'autres monumens grecs, mais que les Romains et les modernes n'ont jamais adoptée.

AUTRES CHAPITEAUX IONIQUES GRECS.

Planche XXIII.

Les deux premiers chapiteaux de cette planche sont d'une forme simple et d'une belle proportion; ils rappellent le beau style des Grecs; ils conviendraient parfaitement pour les intérieurs. Le troisième, tiré d'un aqueduc d'Adrien à Athènes, porte un entablement

(1) Voyez planche 55.

denticulaire; mais comme il a beaucoup de rapport, et qu'il ressemble même en toutes ses parties à celui de l'arc de Thésée (1), par la figure de son profil, et qu'il en a presque les mêmes proportions, si ce n'est que dans celui-ci les bandes de l'architrave sont droites, tandis que dans celui de Thésée elles avancent par le bas, nous avons préféré y renvoyer, plutôt que de multiplier sans nécessité les figures. Il paraîtrait, d'après ces chapiteaux et d'autres que nous pourrions citer, que les architectes de ce tems mettaient indifféremment le même entablement sur le chapiteau Ionique comme sur le Corinthien; et cela pourrait confirmer ce que dit Vitruve de la colonne de cet ordre (2), que *la colonne Corinthienne n'avait point d'entablement qui lui fût propre.*

(1) Voyez planche 35.
(2) Au chapitre 1er du 4e livre.

SOUBASSEMENT, BASE, CHAPITEAU ET ENTABLEMENT IONIQUE,
du Temple de la fortune Virile à Rome.

Planche XXIV.

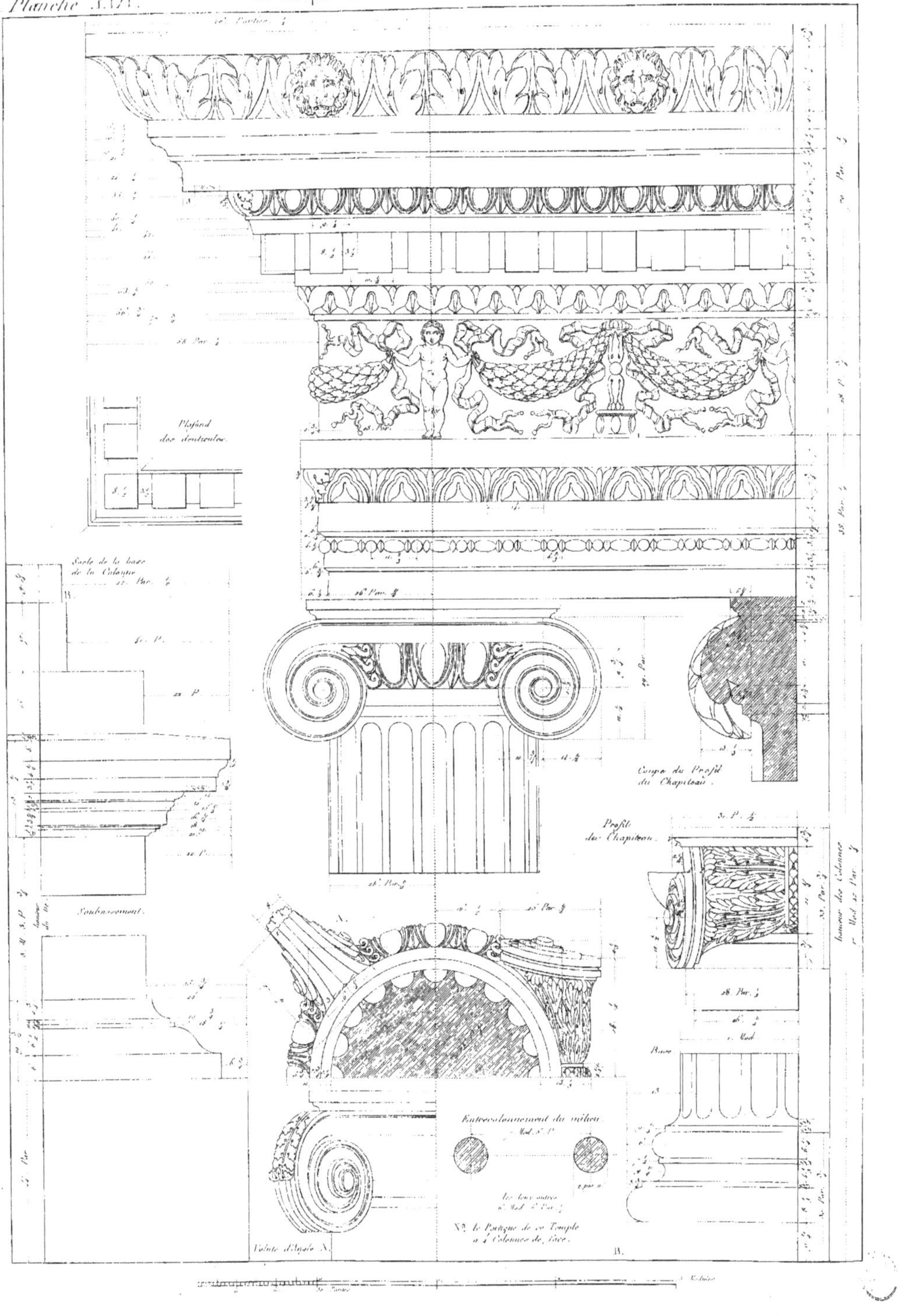

Plafond des denticules.
Socle de la base de la Colonne
Soubassement.
Coupe du Profil du Chapiteau.
Profil du Chapiteau.
Base
Entrecolonnement du milieu.
Volute d'Angle A.

Planche XXV.

PIEDESTAL, BASE, CHAPITEAU ET ENTABLEMENT,

de l'Ordre Ionique, du Théâtre de Marcellus à Rome.

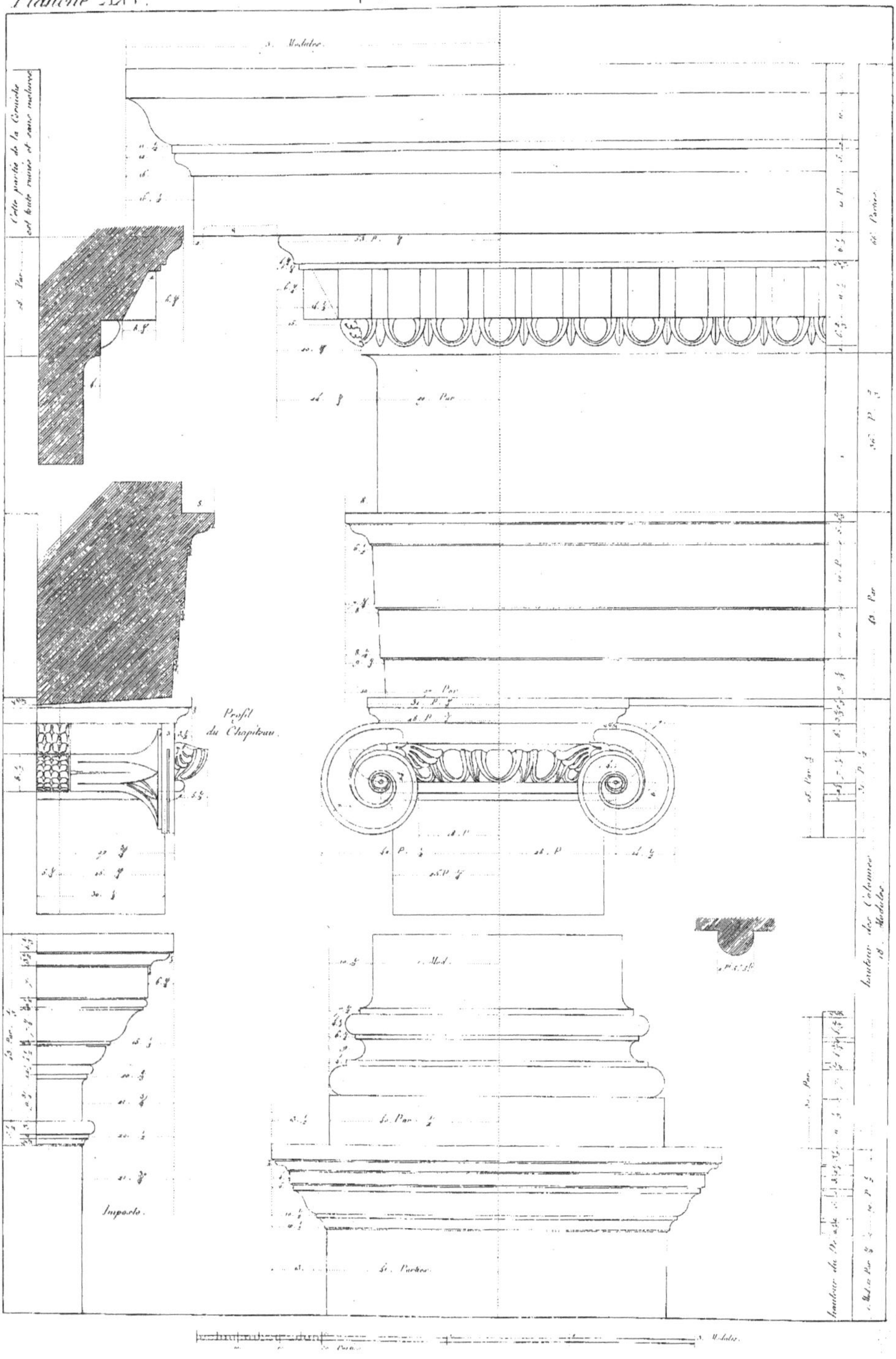

Profil du Chapiteau.
Imposte.
Hauteur des Colonnes 18. Modules

ORDRES IONIQUES ROMAINS.

L'ordre Ionique paraîtrait avoir été rarement employé par les Romains, si nous devons en juger par ce qui en existe encore dans les restes des édifices antiques. On ne retrouve cet ordre qu'au temple de la Fortune-Virile, au théâtre de Marcellus et aux Thermes de Dioclétien. Quant à celui du Colisée, nous n'en avons pu donner que l'entablement (1), le chapiteau n'en étant pour ainsi dire qu'en masse. Dans d'autres lieux (2), les chapiteaux de cet ordre sont enrichis de détails d'ornemens qui ne changent rien à la première forme antique; et ailleurs ils n'en sont que les composés, comme au temple de la Concorde (3).

DU TEMPLE DE LA FORTUNE-VIRILE.

Planche XXIV.

Si l'on se reportait à l'idée que les Grecs ont donnée de cet ordre dans toutes ses parties, et à la comparaison que Vitruve a faite de la colonne avec une jeune fille, l'œil s'accoutumerait difficilement à supporter, au premier aspect, l'entablement massif de celui-ci. Cependant il mérite quelque examen, puisque, par son profil, il est bien distinct des autres ordres. Son chapiteau, comme ceux des Grecs, a aussi une volute angulaire. Quelques architectes modernes paraissent l'avoir pris pour modèle, mais en mettant, toutefois pour la plupart, leurs volutes sur une ligne parallèle, en grandissant la frise, et en modifiant sa corniche ainsi que son architrave (4).

DU THÉATRE DE MARCELLUS (5).

Planche XXV.

L'ordre Ionique du théâtre de Marcellus pourrait être le modèle qu'ont suivi plus particulièrement plusieurs auteurs modernes. La partie supérieure de la corniche, jusqu'au larmier, étant totalement ruinée, il a fallu y suppléer par quelque vraisemblance. La partie

(1) Voyez planche 58.

(2) Tels que l'église de Sainte-Marie, au delà du Tibre, où l'on voit beaucoup de chapiteaux Ioniques différemment ornés; peuvent-ils nous faire juger (comme le dit Scamozzi) combien les Romains avaient élevé d'édifices de cet ordre?

(3) Voyez Desgodetz.

(4) Cet édifice, qui sert aujourd'hui d'église à des moines arméniens, est généralement d'un style lourd et massif; on en fait remonter l'origine au règne de *Servius Tullius*, un des premiers rois de Rome.

(5) D'après les dessins de M. Vaudoyer.

inférieure, bien profilée et bien proportionnée, a quelque chose du style grec. Les faces de l'architrave, toutes rentrantes par le bas, sont ainsi disposée sans doute pour l'aspect (1). Le chapiteau, mis en rapport avec ceux des Grecs, est un peu petit; sa base est attique; la saillie de la corniche du piédestal, ou stylobate, est peu saillante, de même que l'imposte. Nous laissons à décider quel en a été le motif.

DES THERMES DE DIOCLÉTIEN.

Planche XXVI.

Cet ordre est tiré des Thermes de Dioclétien; l'entablement est supporté par un pilastre (2) qui, placé sans doute dans l'angle d'une des pièces de ce vaste édifice, correspondait à des colonnes ou à d'autres pilastres. Vignole paraît l'avoir vu et apprécié; car s'il en diffère dans la proportion des moulures, son profil est à peu près le même; la base en est attique. Les Romains, dans cet ordre, ont imité les Grecs; et les modernes, pour l'ensemble, ont imité les Romains.

Remarque.

Les pilastres seuls, soit aux angles de murs, soit employés, comme au Louvre à Paris, pour une décoration régulière, sont ordinairement aussi larges du haut que du bas, ce qui nécessite plus de hauteur aux chapiteaux, s'ils sont Corinthiens. Cependant nous pensons qu'il est à propos de les diminuer un peu, parce qu'ils paraissent toujours plus larges à leur extrémité supérieure qu'ils ne le sont réellement. Mais placés derrière des colonnes, comme sans doute ils étaient au frontispice de Néron (3), ils doivent diminuer comme elles, à moins qu'à l'imitation des Grecs, et quelquefois des Romains, on ne mette l'architrave en surplomb du fût des colonnes (4), ce qui n'est plus en usage aujourd'hui, ou, la même architrave en retraite sur le nu des pilastres, tel qu'on le voit sur ceux de l'ordre intérieur du Panthéon à Rome (5), ce qu'on ne peut approuver davantage.

(1) C'est le sentiment de Vitruve. Vitruve vivait du tems d'Auguste; il paraît que cet auteur était déjà vieux lorsqu'il lui dédia son ouvrage. Le théâtre de Marcellus fut élevé sous le règne de ce prince, et Vitruve n'en parle pas. Quelques-uns ont prétendu qu'il en avait été l'architecte, et cependant rien ne le prouve. La manière dont cet ordre est profilé ressemble assez à celle qu'il indique, liv. 3, chap. dernier, surtout dans les faces de l'architrave. Peut-être aussi n'était-ce que le système du tems.

(2) Voyez la remarque.

(3) Voyez planche 42.

(4) Voyez planche 4.

(5) Voyez planche 39.

BASE ET CHAPITEAU D'UN PILASTRE IONIQUE ET SON ENTABLEMENT,

tiré des Thermes de Dioclétien, à Rome.

Planche XXVI.

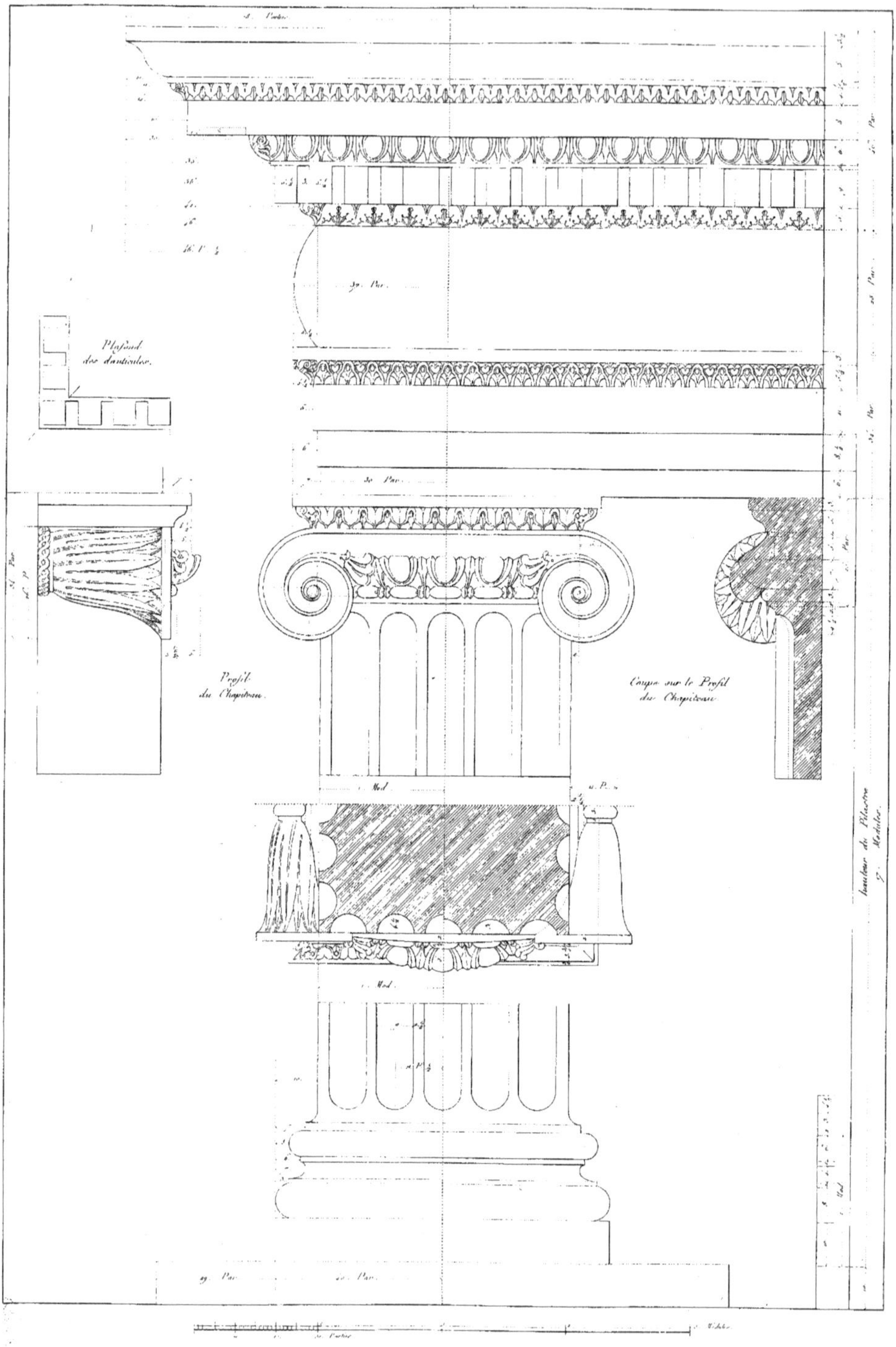

Plafond des denticules.
Profil du Chapiteau.
Coupe sur le Profil du Chapiteau.
Hauteur du Pilastre 7. Modules.

PIEDESTAL, BASE, CHAPITEAU ET ENTABLEMENT IONIQUE,

d'André Palladio.

Planche XXVII.

Plafond
Profil du Chapiteau.
Coupe du Chapiteau
Socle de la Base.
Œil de la Volute
Imposte et Archivolte
Base de la Colonne.
hauteur de la Colonne 9 Diamètres
Entrecolonnement simple
Arcades entre des Colonnes sur leurs Piédestaux
Centre

PIEDESTAL, BASE, CHAPITEAU ET ENTABLEMENT IONIQUE,
de Vincent Scamozzi.

Planche XXVIII.

ORDRES IONIQUES MODERNES.

Malgré l'irrégularité de son chapiteau, comme nous l'avons déjà dit, cet ordre est le plus gracieux lorsqu'il est employé en moyenne proportion. Vitruve s'y complaît ; il le module différemment, selon ses diverses dimensions. Les règles qu'il en donne sont sans doute précieuses, et nous les rapporterons à l'article du fût des colonnes (1). Mais pour les édifices où l'on se proposcrait, soit à l'extérieur, soit dans l'intérieur, une galerie ou un portique avec des colonnes isolées, le Dorique et le Corinthien, suivant le style ou l'importance de l'objet, sont les deux ordres qui conviennent le mieux, parce qu'ils sont réguliers de tous les côtés (2). Les auteurs déjà cités et qui vont suivre ont donné, dans leurs ordres, des règles de proportions pour leurs entrecolonnemens simples, pour ceux avec arcades et piédestaux, et pour ceux sans piédestaux ; mais ils varient entre eux, suivant leur goût, la dimension de leurs colonnes, ou toute autre considération. Ces règles ne sont donc pas fixes. Il est bon de les connaître, de les étudier pour en faire au besoin une juste application.

ORDRE IONIQUE DE PALLADIO.

Planche XXVII.

Palladio a en général beaucoup varié la proportion de ses ordres ; mais sa prédilection pour celui-ci, qu'il a compris de préférence dans les cinq ordres que nous avons de lui, nous a déterminé à le prendre pour exemple. Au lieu de denticules sous le larmier de la corniche, il y a placé des modillons sans ornememens ; il a enrichi ses moulures, bombé sa frise, à laquelle il paraît avoir donné cette forme, non pas tant peut-être pour imiter les exemples antiques, que pour laisser une saillie dans laquelle il fût facile de tailler un ornement. Son chapiteau a de la grâce, tout le reste est digne de son auteur, et quoiqu'il paraisse un peu riche, il tient un juste milieu entre son Dorique et son Corinthien.

IONIQUE DE V. SCAMOZZI.

Planche XXVIII.

Scamozzi, outre les modillons qu'il a ornés d'une manière bizarre sur leur profil, a fait au dessous une autre face, qui pouvait être taillée en denticules, s'il eût jugé cette richesse nécessaire. Son chapiteau est original. (C'est le chapiteau composite, dont il a

(1) Voyez planche 59.

(2) Cependant si la galerie, ou le portique qu'on se proposerait à l'intérieur, était d'ordre Ionique, il faudrait au retour des angles un pilastre au lieu d'une colonne avec des moulures différentes aux chapiteaux, voyez les antes des ordres Ioniques grecs, planches 18, 19 et 20.

supprimé les deux rangs de feuilles, en conservant l'abaque usité pour l'Ionique.) Nous ne prononcerons pas si on doit l'adopter; mais nous dirons seulement qu'on en a beaucoup abusé en le surchargeant de guirlandes dont les extrémités étaient attachées ou sortaient de l'œil de la volute, ornement toujours postiche, et masquant sans nécessité les moulures du chapiteau.

IONIQUE DE J. B. DE VIGNOLE.

Planche XXIX.

Vignole vise toujours au grand, et d'après son principe, qui est de prendre le quart de la colonne pour en former la hauteur de son entablement, il en résulte quelquefois un peu d'égalité dans certaines moulures. Il nous semble qu'un peu plus de force à son larmier, prise aux dépens du talon placé sous ses denticules, n'affaiblirait en rien le caractère qu'il y a affecté. Pour la base de la colonne, il paraît avoir manqué du goût qu'il montre dans tout le reste. L'antique n'en offre aucun exemple; elle est selon Vitruve (1).

ORDRE IONIQUE DE SERLIO ET DE LÉON-BAPTISTE ALBERTI.

Planche XXX.

Serlio, dans l'ensemble de ses moulures, est disparate. Sa doucine présente une saillie qui doit nuire à son larmier, tandis que les autres moulures peuvent à peine être comptées. Son chapiteau et sa base sont de même forme que ceux de Vignole. Le plafond de ses denticules a la même saillie que celui du larmier. Cet ordre paraît être composé d'après la description qu'en a faite Vitruve (2). Barbaro, Cataneo et Bulant sont dans les mêmes principes; les deux premiers ont taillé la face denticulaire. Barbaro a fait pencher les faces de son architrave.

Alberti offre un bon ensemble dans son entablement pour un second ordre. Son chapiteau est original par le tailloir, dont la face est à-plomb de l'architrave et du fût de la colonne. Les volutes sont peut-être un peu fortes, et la base trop riche. Serlio présente à peu près la même intention dans un second chapiteau Ionique.

TRACÉ DE VOLUTES IONIQUES.

Planche XXXI.

Cette planche présente deux manières de tracer les volutes Ioniques. La première est de Palladio (3), et la seconde est celle de Vignole.

(1) Cette base ne paraît pas être terminée; c'est un assemblage de moulures qui n'ont entre elles ni rapport ni proportions. Il n'est point naturel de voir le fort supporté par le faible, comme on voit ici le gros tore ayant pour soutien de petites baguettes et de minces filets.

(2) Liv. 3, chap. 3, planche 19, traduction de C. Perrault.

(3) La manière de tracer la volute Ionique remonte au tems de Palladio, qui paraît, le premier, l'avoir mise en pratique. Cette manière, cependant beaucoup plus ancienne, mais jusque là tout-à-fait ignorée ou perdue, fut retrouvée

BASE, CHAPITEAU ET ENTABLEMENT IONIQUE,
de Jacques Barozzio, de Vignole.

Planche XXV.

Impaste et Archivolte.
Profil du Chapiteau.
Coupe du Chapiteau.
Pedestal
Œil de la Volute.
Plan du Chapiteau.
Base.
Entrecolonnement simple
Arcades entre des Colonnes
Arcades entre des Colonnes sur leurs Piedestaux

Planche XXX.

ORDRE IONIQUE,
de Serlio et de L. B. Alberti.

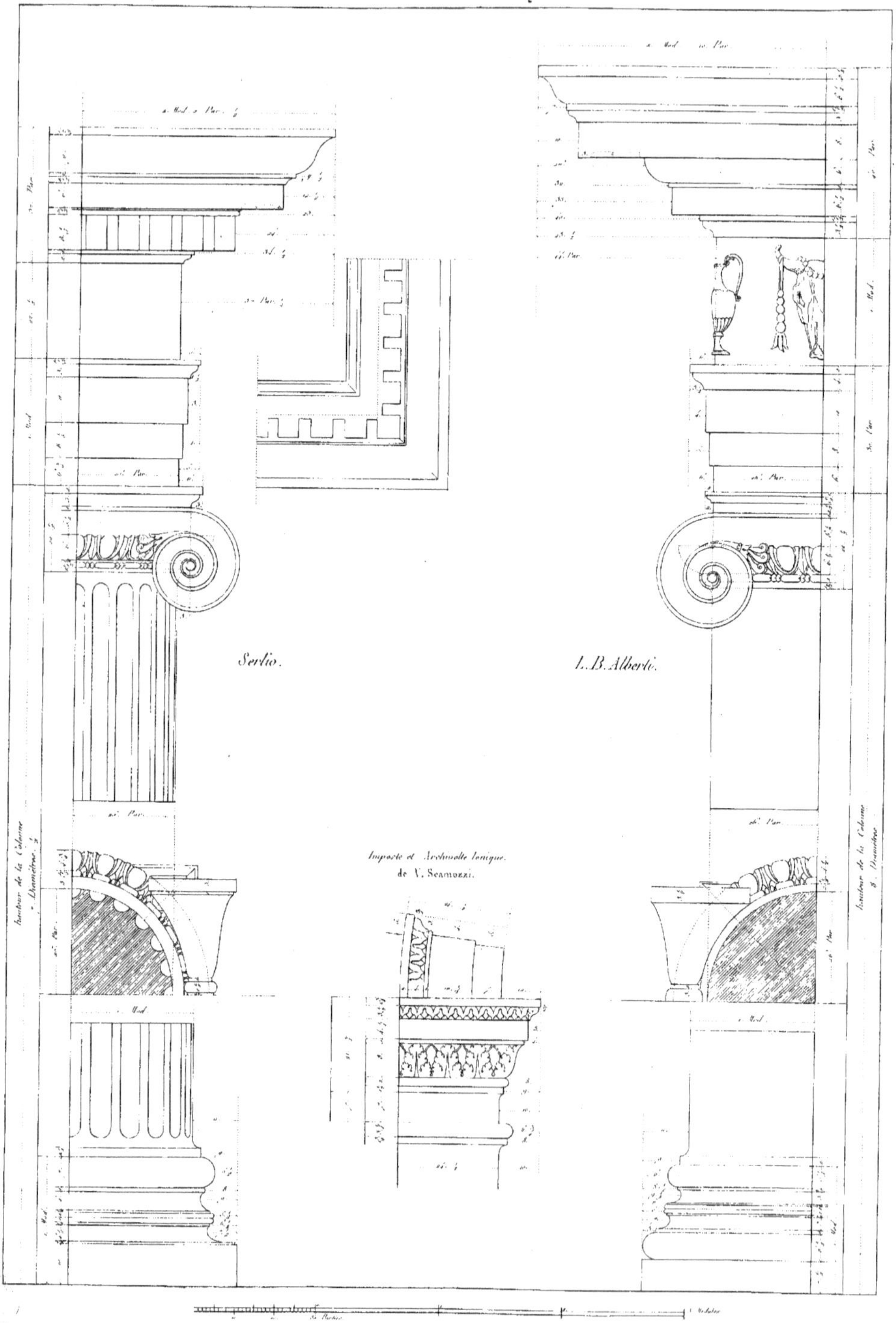

Serlio.
L. B. Alberti.
Imposte et Archivolte Ionique de V. Scamozzi.

TRACÉ DE VOLUTES IONIQUES.

Planche XXXI.

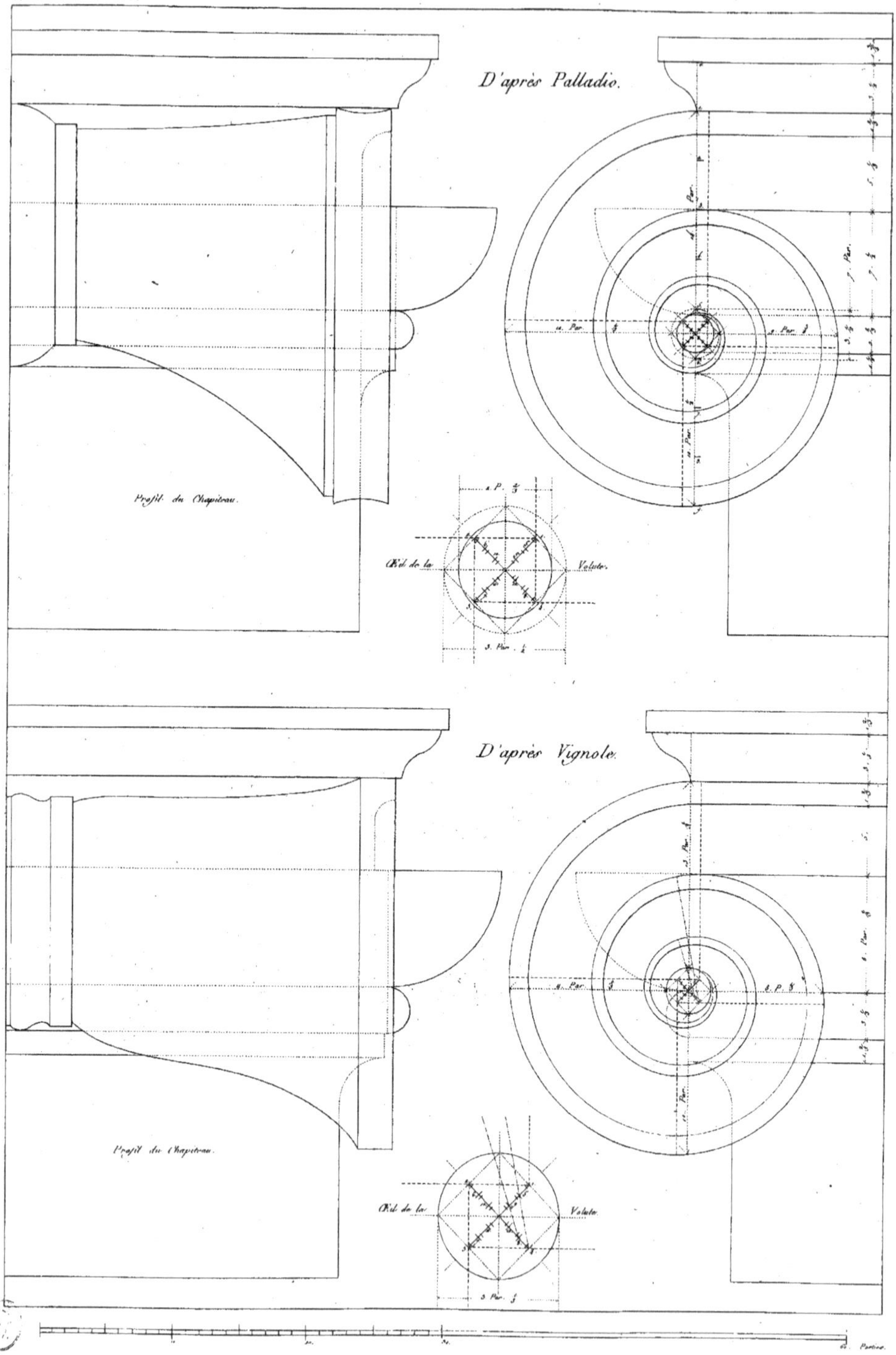

D'après Palladio.
Profil du Chapiteau.
Œil de la Volute.
D'après Vignole.
Profil du Chapiteau.
Œil de la Volute.
Parties.

AUTRES TRACÉS DE VOLUTES IONIQUES.

Planche XXXII.

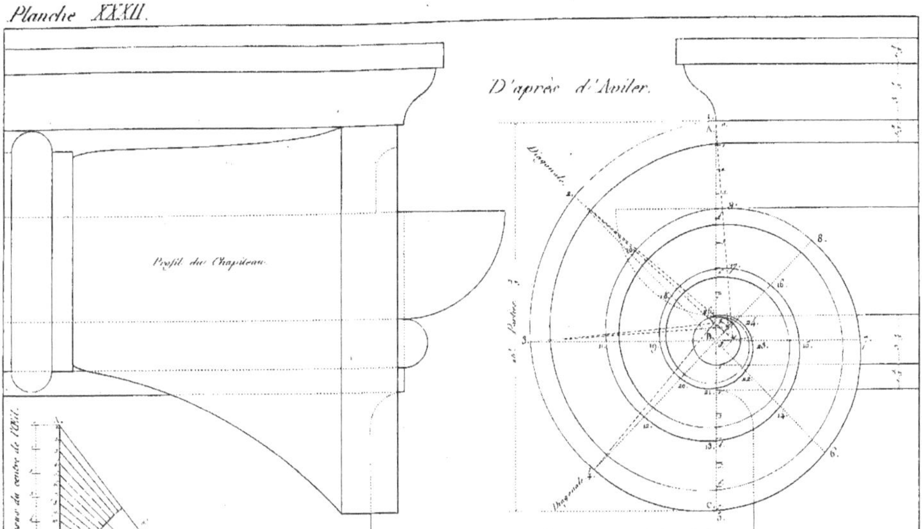

D'après d'Aviler.
Profil du Chapiteau.
Diagonale 2.
Diagonale 4.

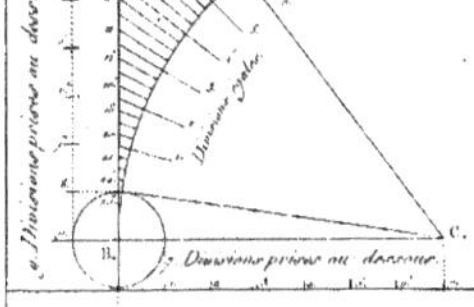

Divisions prises au dessous.
Divisions égales

Manière de diviser les points, pour les porter du centre B. de l'œil de la Volute sur chaque lignes marquées par N.ros depuis 1. jusqu'à 25. de son contour.

Pour trouver le centre de chaque portion de la spirale, il faut, du point A et 0 (1.er des 25. points et des 16. divisions) tracer une portion de cercle passant au centre de l'œil de la Volute et avec la même ouverture de compas et du point 2. de la diagonale former une intersection sur la 1.re portion de cercle; cette intersection sera le centre de la courbe A 2. du même point 2. on fermera le compas jusqu'au centre de l'œil, pour y tracer encore une portion de cercle, et avec la même ouverture de compas on se portera sur le point 3. la rencontre de la section donnera le centre de la courbe 2.3. et ainsi des autres.

N.B. Cette manière de contourner les Volutes Ioniques, peut s'appliquer à toutes celles dont les règles ne seraient pas établies. Il suffira, partant du centre de l'œil de la Volute, d'en mesurer le contour passant par tous les points marqués sur cette cy-dessus.

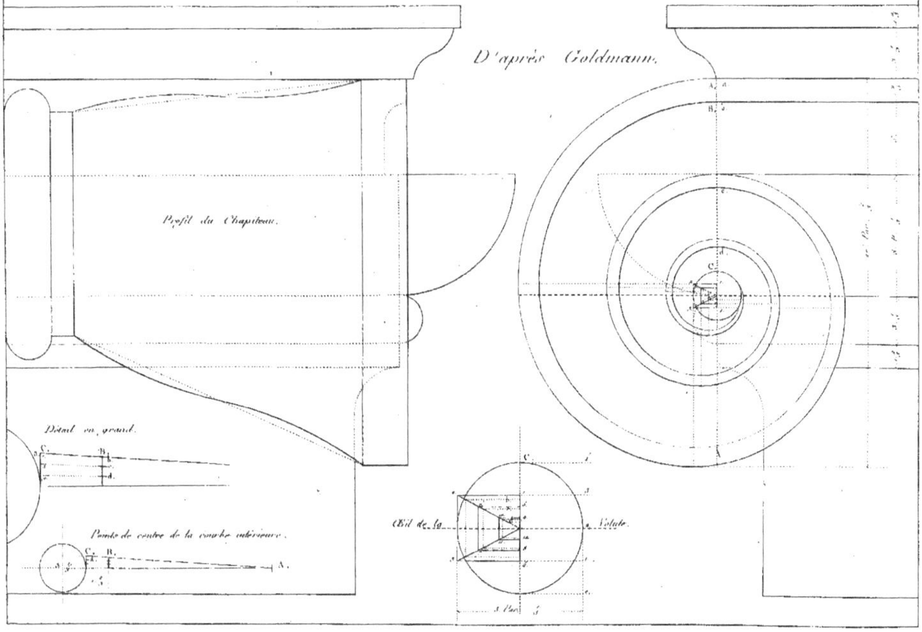

D'après Goldmann.
Profil du Chapiteau.
Détail en grand.
Points de centre de la courbe intérieure.
Œil de la Volute.

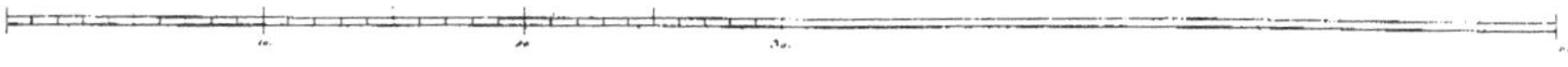

Planche XXXII.

Le tracé des volutes Ioniques de cette planche est tiré, pour la première, de Vignole (1), et, pour la seconde, de Goldmann.

NOMS DES MOULURES DE L'ORDRE IONIQUE DE VIGNOLE.

De la corniche.

A. Réglet.
B. Cymaise.
C. Listel.
D. Talon taillé de rais de cœur.
E. Larmier.
F. Mouchette pendante.
G. Quart de rond taillé d'oves.
H. Baguette taillée d'olives et d'amandes.
I. Listel, ou listeau.
K. Denticules.
L. Métochés.
M. Talon taillé de feuilles de persil ou d'acanthe.

De la frise.

N. Frise ornée de griffons, vases et candelabres.

De l'architrave.

O. Réglet.
P. Talon taillé de trèfles ou d'arceaux.
Q. Grande face, ou bande.
R. Moyenne face, face du milieu, ou bande.
S. Petite face, ou bande.

Du chapiteau.

T. Réglet.
U. Talon taillé de rais de cœur.
V. Listel des volutes.
X. Bande, ou canal des volutes.
Y. Quart de rond taillé d'oves.
Z. Coques, ou eschines et dards entre les coques.
W. Gousse.

De la colonne.

a. Astragale.
b. Ceinture, ou orle.
c. Cannelures, au nombre de vingt-quatre, creusées en demi-cercle et à côtes.
d. Vif de la colonne.
e. Vif de la colonne.
f. Cannelures carrées par le bas.

De la base.

g. Ceinture, ou orle.
h. Tore et listel au dessous.
i. Scotie.
k. Baguettes et listels dessus et dessous.
l. Scotie et listel au dessous.
m. Plinthe, ou socle de la base.

Du plan, du profil et de la coupe du chapiteau.

n. Réglet.
o. Coussinets, ou balustres (Profil et plan des).
p. Coupe des coussinets prise par le milieu suivant le plan.

Du piédestal.

q. Talon couronné de son réglet.
r. Larmier.
s. Quart de rond.
t. Baguette et son listeau.
u. Dé.
v. Baguette et son listel.
x. Doucine, ou cymaise renversée.
y. Filet.
z. Plinthe, ou socle.

De l'imposte et de l'archivolte.

a. Réglet.
b. Talon taillé de rais de cœur.
c. Face, ou larmier.
d. Quart de rond taillé d'oves.
e. Baguette et son listel.
f. Grande face, ou bande.
g. Petite face, ou bande.
h. Réglet.
i. Talon taillé d'arquettes.

par lui parmi des fragmens antiques, dans un chapiteau de cet ordre seulement ébauché, et dont tous les points de centre de la spirale étaient encore marqués tels que nous les avons de lui.

(1) Cette manière de contourner les volutes Ioniques, par Vignole (*), peut s'appliquer à toutes celles dont les règles ne seraient pas établies. Il suffira, partant du centre de l'œil de la volute, d'en mesurer le contour, passant par les points marqués sur celle gravée d'après lui sur la planche. C'est ainsi que nous avons opéré pour contourner celles des temples sur l'Ilissus et de Minerve-Poliade.

(*) C'est par erreur que, dans les deux précédentes éditions, *la première de* 1819, et *la seconde de* 1825, la manière de contourner cette volute a été attribuée à Daviller; elle appartient à Vignole.

ORDRES CORINTHIENS

TIRÉS DES MONUMENS DE LA GRÈCE.

Les proportions que Vitruve assigne au chapiteau Corinthien ne nous offrent rien de bien positif qui puisse les justifier. Les chapiteaux que nous donnons ici sont tirés de monumens grecs, comparés à ceux des Romains. Leur forme, leur ensemble, présentent bien en quelque sorte un principe général; mais la nuit des tems, qui couvre tout de son voile épais, nous cachant le principe réel, pour ne rien donner au hasard et sans appui, nous avons dû ne présenter que les exemples qui vont suivre.

DE LA LANTERNE DE DÉMOSTHÈNE A ATHÈNES (1).

PLANCHE XXXIII.

On pourrait considérer le chapiteau des colonnes de ce monument comme un des premiers motifs de l'ordre Corinthien, du moins pour la forme de son tailloir et l'intention de ses volutes; mais l'originalité de ce chapiteau, qui a quelque chose du style arabe, ne peut guère convenir que pour un petit monument, tel que celui auquel il est adapté. L'ornement qui couronne le larmier de la corniche le termine d'une manière qui contraste parfaitement avec la simplicité de ses moulures. La frise, enrichie d'un bas-relief, fait d'autant mieux aussi, que l'architrave est de même très-simple. On serait fort porté à croire que les entablemens de plusieurs temples grecs, et même romains, étaient surmontés d'ornemens à peu près semblables à celui que l'on voit au dessus de la corniche de la lanterne de Démosthène.

DE L'ENCEINTE DU TEMPLE DE JUPITER-OLYMPIEN A ATHÈNES (2).

PLANCHE. XXXIV.

L'ordre Corinthien que l'on voit dans cette planche est tiré de l'enceinte d'un temple d'Athènes, connu sous le nom de Jupiter-Olympien, ou de Junon-Lucine. La forme du chapiteau est simple; les angles de son tailloir sont aigus; la base des feuilles au dessus de l'astragale se dessine sur un petit congé qui leur sert comme de lien, et elles paraissent en sortir. Celles du second rang sont retenues aussi par une espèce de bandeau. Les caulicoles sont soutenus par une tigette dont la forme flexible paraît naturelle : tout cela réuni démontre-t-il l'origine de l'ordre? Cet édifice, qu'on attribue à la magnificence d'Adrien,

(1) Ce monument fut érigé par Lysicrate, dont il portait le nom plus anciennement.

(2) Tome Ier, chapitre 5, planche 24, traduction française de l'OEuvre de Stuart.

BASE, CHAPITEAU ET ENTABLEMENT

Planche XXXIII. du Monument de Lisicrate, ou de la lanterne de Démosthènes à Athènes.

Plan du Chapiteau.
Coupe du Chapiteau.
Plafond des denticules.
Moitié de la Base de la Colonne.
Centre du Monument.

PIEDESTAL, BASE, CHAPITEAU ET ENTABLEMENT CORINTHIEN

Planche XXXIV. du Portique de l'Enceinte du Temple de Jupiter Olimpien à Athènes.

Cannelures jusqu'au tiers du fût de la Colonne.
Base A.
Entrecolonnement des quatre colonnes du Portique. 8. Mod. environ.
11. Pieds
Piedestal
Base A.
hauteur des Colonnes 19. Mod. et demi.
3. Modules
30. Parties

PIEDESTAUX, BASES, CHAPITEAUX ET ENTABLEMENS CORINTHIENS.

Planche XXIV.

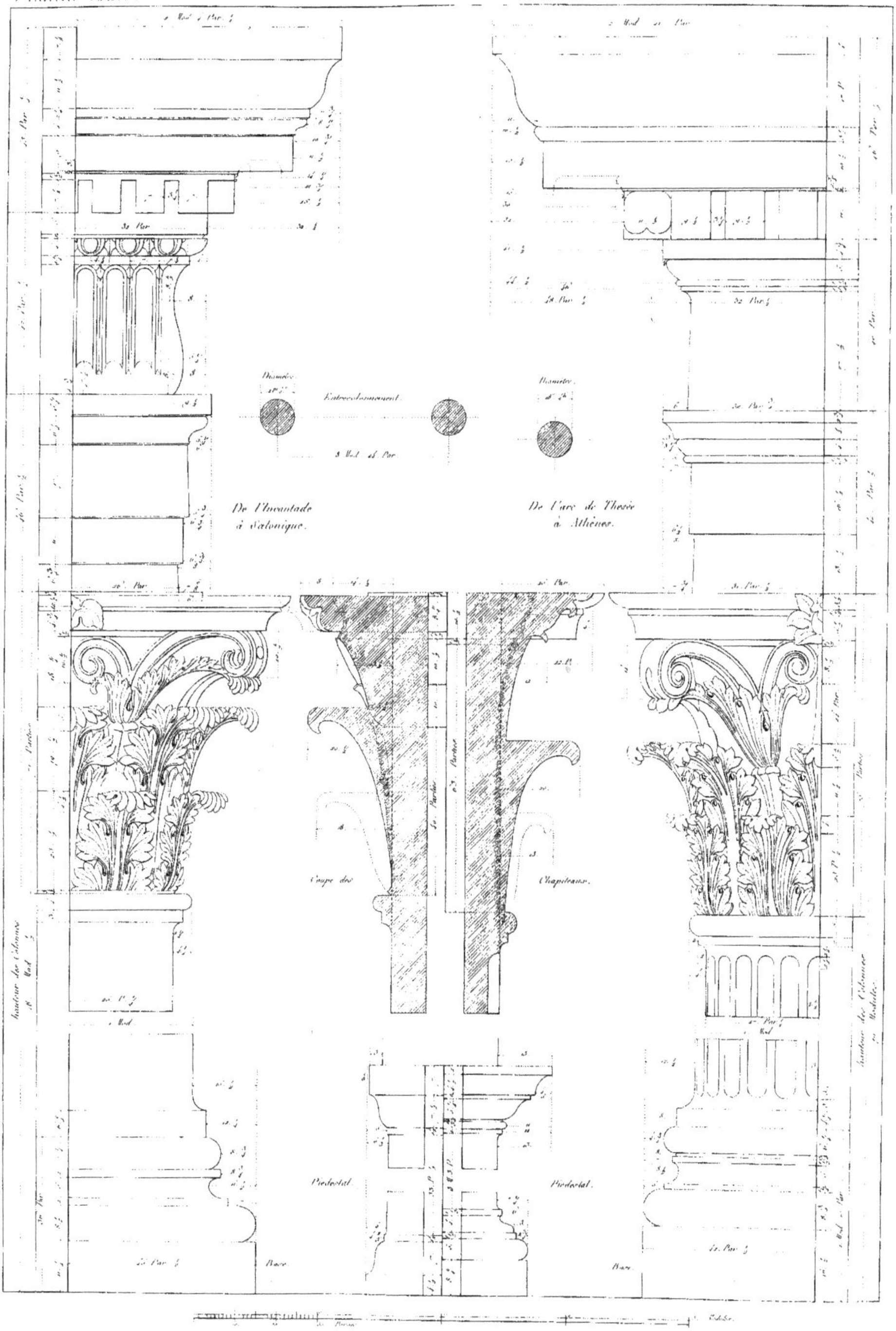
De l'Incantade
à Salonique.
De l'arc de Thesée
à Athènes.
Entrecolonnement.
Coupe des
Chapiteaux.
Piedestal.
Piedestal.
Base.
Base.

a-t-il été imité, pour ses détails, de ce qui pouvait exister alors des beaux tems de la Grèce? C'est ce qu'on n'entreprendra pas de résoudre. Le frontispice de Néron (1) serait donc plus ancien; son entablement a beaucoup de rapport au précédent; seulement il est profilé dans la manière des Grecs. On a dû, malgré cette incertitude, le placer dans cet ouvrage au moins comme objet de comparaison, ainsi que ceux qui vont suivre, avec lesquels il a beaucoup de ressemblance.

DE L'INCANTADE A SALONIQUE (2), ET DE L'ARC DE THÉSÉE A ATHÈNES (3).

PLANCHE XXXV.

Cet édifice (l'Incantade), d'après la tradition, paraîtrait plus ancien que le précédent. Les volutes du chapiteau ne sont que recourbées, sans aboutir à un centre. Les feuilles du second rang, qui se lient entre elles, donnent naissance à la tigette des caulicoles, qu'elles retiennent naturellement. A chaque refend des grandes feuilles dentelées de cinq petites feuilles, la première du second rang, comme de celui qui suit, se contourne et s'évide en passant près de la pointe de celles qu'elle surmonte, et non dessous. La rose ne dépasse pas l'épaisseur du tailloir, et n'est pas non plus soutenue par une tige appuyée sur la grande feuille du milieu. Toutes ces particularités sont-elles des indices de l'origine? C'est ce qu'il serait difficile d'affirmer. Les Romains ont refendu davantage leurs feuilles, aussi au nombre de cinq; ils ont orné les tigettes, dessiné plus agréablement leurs caulicoles, terminé les volutes, en sorte que la spirale ressort souvent hors d'elle-même, comme on le voit aux chapiteaux de l'intérieur du Panthéon (4). Ils ont enfin perfectionné l'ensemble de l'ornement, sans rien ajouter à l'invention. L'entablement semble appartenir particulièrement à cet ordre (5), comme celui du temple sur l'Ilissus à Athènes a le sien, ainsi que le Dorique du Parthénon. Toutes les saillies des moulures lèvent par-devant; deux des bandes de l'architrave saillent en avant par le bas, et celle du milieu est droite; la base de la colonne est attique.

L'arc de Thésée, qui, par suite, porta le nom de l'arc d'Adrien, et qui fut sans doute restauré par lui, est encore un monument d'origine grecque; sa destination est bien exprimée. C'est en effet sous un arc que l'on passe, et non sous une arcade. Quant au style de l'architecture qui le compose, il pouvait être fort beau dans le tems; il serait peut-être désapprouvé aujourd'hui. Le chapiteau a beaucoup d'analogie avec le précédent; seulement chaque refend des grandes feuilles n'est découpé que de trois petites dentelures. Deux plus petites, courbées en crochet, forment l'œil des tuyaux dont elles sortent. Elles paraissent imitées de la feuille d'acanthe. Le tailloir, comme les deux précédens, se termine en pointes aiguës. La rose descend jusque sur la lèvre du vase; elle est soutenue par une tige qui prend sa naissance derrière la grande feuille du milieu. L'entablement est le même que celui que l'on trouve employé indifféremment, ou avec très-peu de variétés, pour l'Ionique comme pour le Corinthien.

(1) Voyez la planche 42.
(2) Tome III, chapitre 2, planche 47, traduction française de Stuart.
(3) Tome III, chapitre 3, planche 24, trad. *idem*.
(4) Voyez la planche 39.
(5) Ce n'est ici qu'une conjecture, Vitruve n'en reconnaît pas.

DES ORDRES CORINTHIENS ROMAINS.

Si les architectes grecs n'avaient pas imaginé d'entablement propre à l'ordre Corinthien, comme le prétend Vitruve, et s'ils avaient employé indifféremment celui qu'ils avaient adopté pour l'Ionique, en le plaçant sur ce troisième ordre, comme ce qui nous en reste encore paraît le prouver (1), les Romains auraient alors toute la gloire d'une aussi belle invention. En effet, que pouvait-on composer de plus noble et d'aussi susceptible d'être orné (2), ou d'être employé simplement, tel qu'on le voit au portique du Panthéon (3), sans rien perdre de la noblesse et du bel effet qu'il produit? Si la gloire des Grecs, dans cet art, est impérissable, celle des Romains y doit être attachée. Ceux-ci ont sans doute imité les premiers, mais non pas d'une manière servile. L'architecture romaine porte un caractère qui lui est propre. Si la simplicité de celle des Grecs atteste leurs mœurs et leurs lois, celle des Romains nous montre également l'état de grandeur auquel ils étaient parvenus.

DES TROIS COLONNES DU TEMPLE DE JUPITER-STATOR.

Planche XXXVI.

Ces trois colonnes et une partie d'entablement, seuls restes d'un temple dédié à Jupiter-Stator (4), sont d'un ensemble mâle et sévère. La partie inférieure de la corniche tient du style grec. L'ornement de l'une des bandes de l'architrave paraît moins heureusement adapté. Le chapiteau est d'une belle proportion, riche dans toutes ses parties, et produit le plus bel effet. La base est dans les mêmes rapports. Les modillons tombent d'aplomb sur le milieu des colonnes, ainsi que les denticules; et tous les autres ornemens suivent régulièrement cette division. C'est peut-être le seul entablement antique où cette régularité se fasse remarquer.

DU TEMPLE DE JUPITER-TONNANT.

Planche XXXVII.

Le luxe du siècle d'Auguste et sa magnificence se déploient sur ce qui reste de ce temple, bâti par lui, et dédié à Jupiter-Tonnant. Toutes les moulures qui composent l'entablement sont ornées, même le larmier et la bande sur laquelle sont appuyés les modillons. Le quart

(1) Si toutefois le portique de l'enceinte du temple de Jupiter-Olympien à Athènes ne remonte pas plus haut qu'Adrien. Voyez planches 34 et 42.

(2) Voyez planches 36 et 37.

(3) Voyez planches 38 et 39.

(4) Que l'on croit aujourd'hui avoir été celui de Castor et Pollux.

Planche XXXVI.

ENTABLEMENT, BASE ET CHAPITEAU CORINTHIEN
du Temple de Jupiter Stator au Campo Vaccino à Rome.

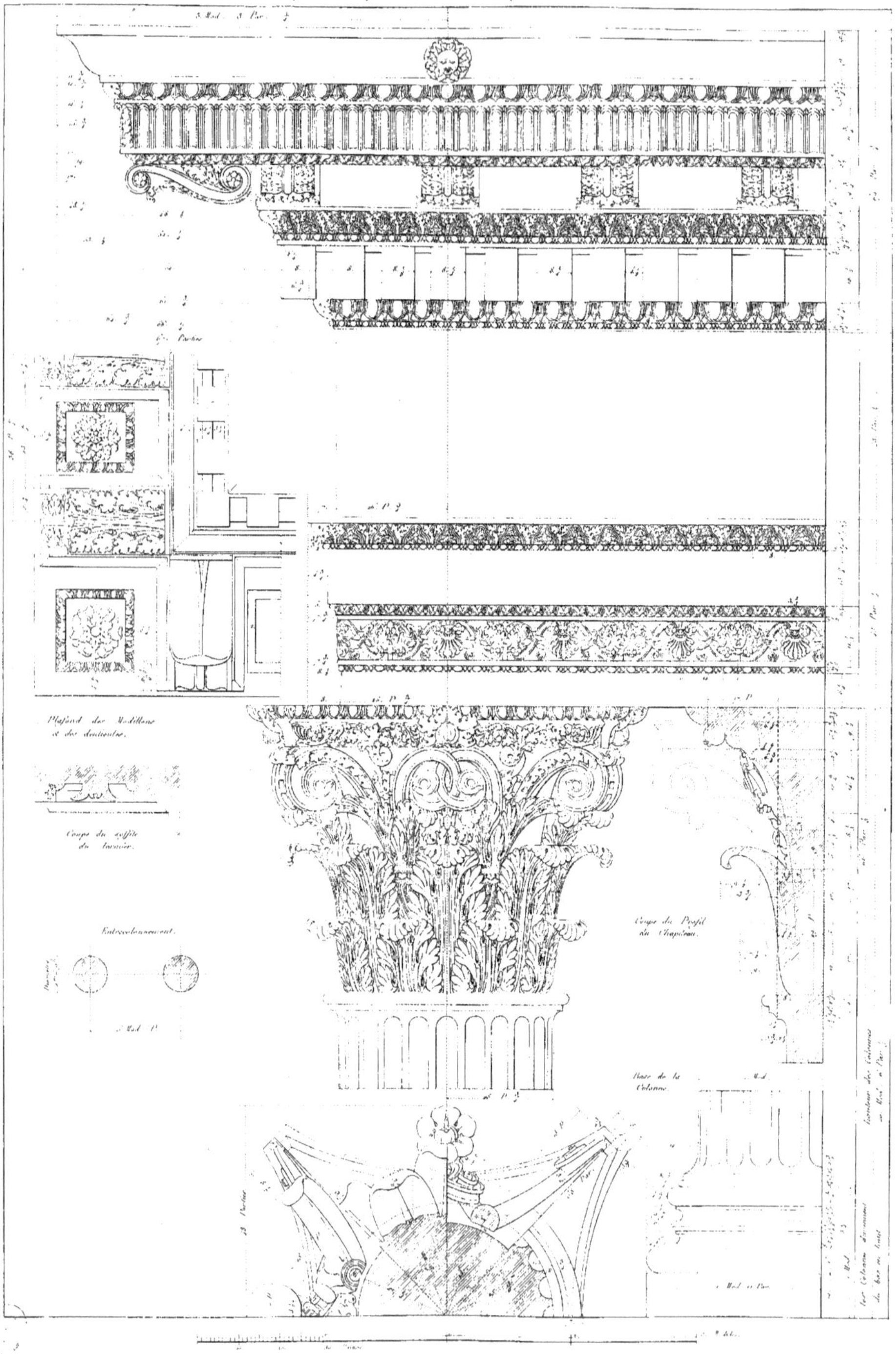

Plafond des Modillons
& des denticules.
Coupe du soffite
du larmier.
Entrecolonnement.
Coupe du Profil
du Chapiteau.
Base de la
Colonne.

Planche XXXVII.

CHAPITEAU ET ENTABLEMENT CORINTHIEN
du Temple de Jupiter Tonnant à Rome.

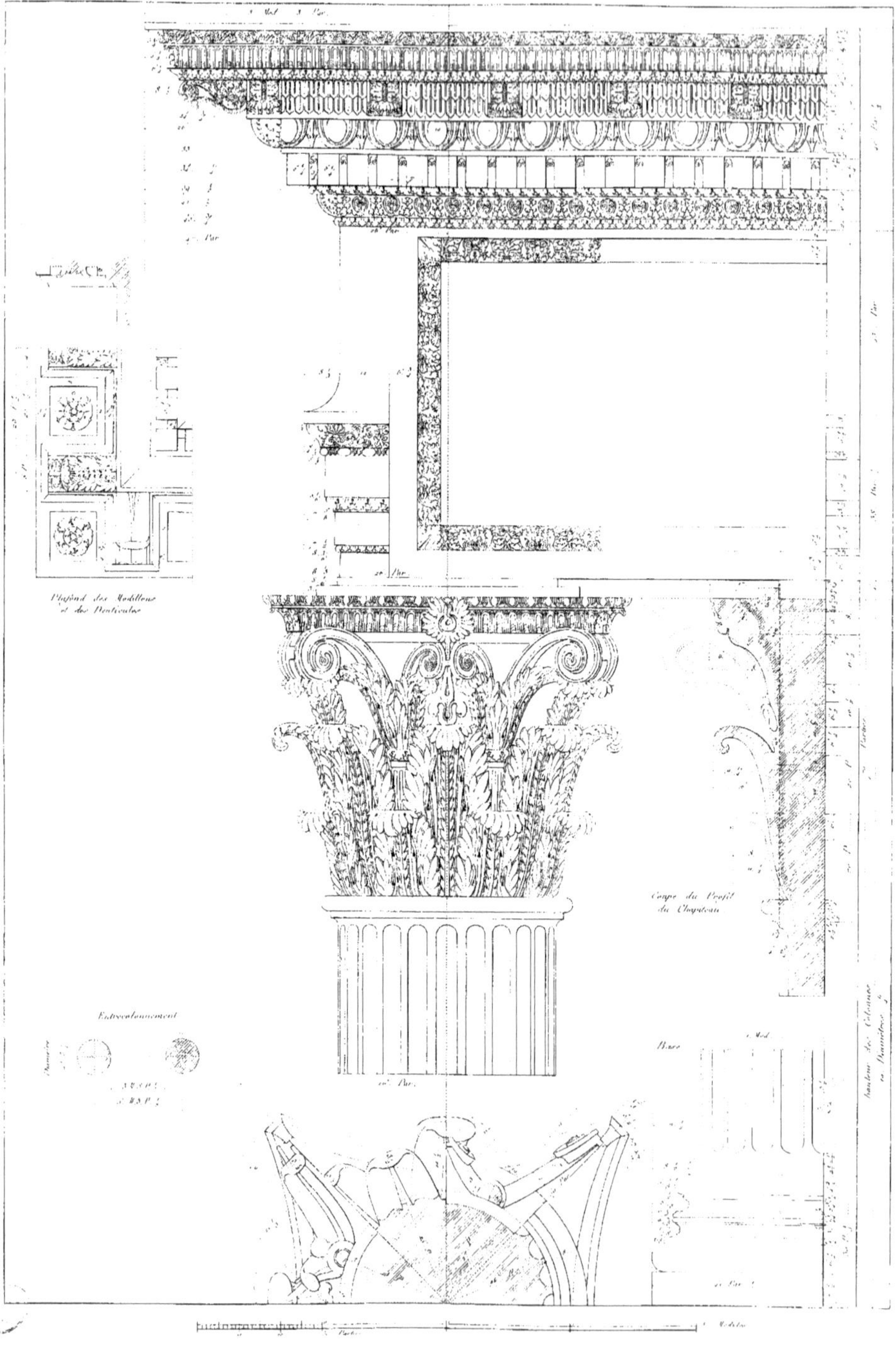

Plafond des Modillons et des Denticules
Coupe du Profil du Chapiteau
Entrecolonnement
Base

Planche XXVIII.

BASE, CHAPITEAU ET ENTABLEMENT CORINTHIEN
du Portique du Panthéon à Rome.

Planche XXXV.

BASE CHAPITEAUX, ET ENTABLEMENT CORINTHIEN, de l'Intérieur du Panthéon, ou de la Rotonde à Rome.

Plafond des Modillons fait en retour d'équerre, la bande qui les appuye saille par le haut d'une partie.
Chapiteau du Pilastre arrangé sur le profil, le galbe et la hauteur des feuilles de celui de la Colonne.
Coupe du Profil du Chapiteau.
Cannelures des deux Colonnes, de la Chapelle, en face de la Porte d'Entrée.
Base.

de rond et les oves qui sont placés sous ces mêmes modillons sont peut-être un peu prononcés, ce qui rend les ornemens des autres moulures un peu petits. Quoique le larmier ne soit pas recouvert par une cymaise, il est cependant probable qu'il en existait une, et que la face principale du temple était couronnée par un fronton. La partie supérieure du chapiteau est très-élégante; les deux rangs de feuilles sont peut-être un peu trop évasés.

DU PORTIQUE DU PANTHÉON, OU DE LA ROTONDE.

Planche XXXVIII.

L'ordre Corinthien du portique du Panthéon à Rome a de tous les tems fixé les regards et obtenu l'assentiment des architectes. Ils sont tous convenus qu'il est le plus beau et le mieux raisonné dans ses proportions. A l'extérieur, la face denticulaire dans la corniche, sous les modillons, n'est point taillée, non plus que dans l'intérieur. Est-ce un ornement jugé superflu, un style propre à cet ordre, ou l'idée de l'architecte qui l'a construit? Les Grecs avaient taillé cette partie; les Romains, avant et après l'époque où cet édifice fut érigé, l'ont orné de denticules (1); mais comme ce portique, ruiné par le tonnerre, fut réédifié par Sévère et Marc-Aurèle (la rotonde remontant au règne d'Auguste), il est possible que l'architecte judicieux, n'ayant vu ce détail à aucune des corniches dans l'intérieur, n'ait pas jugé convenable de tailler cette partie pour mettre le même rapport entre l'extérieur et l'intérieur.

DE L'INTÉRIEUR DU PANTHÉON.

Planche XXXIX.

Le grand ordre de l'intérieur de la rotonde a quelque chose de particulier par rapport à celui de l'extérieur. Dans le premier, le larmier et la cymaise de la corniche sont beaucoup plus minces, la face denticulaire est beaucoup plus forte, et toutes les saillies des moulures, ainsi que celles des bandes de l'architrave, lèvent par le devant, et ces dernières sont plus saillantes dans leur partie inférieure. Le chapiteau, quoique un peu différent par sa forme et par ses volutes, n'en est pas moins d'un beau caractère. Les cannelures des colonnes, depuis la base jusqu'au tiers de leur fût, ne sont pour ainsi dire qu'indiquées, étant remplies par une plate-bande qui se termine en talus à cette hauteur (2).

Nous avons indiqué, par la moitié du diamètre au haut du fût, la baguette saillante au milieu de la côte des cannelures appartenant aux colonnes de la chapelle en face de la porte d'entrée, l'autre moitié étant celle de l'ordre des autres chapelles.

Le chapiteau du pilastre, fait sur la hauteur des proportions de celui de la colonne, n'est là que par comparaison, relativement aux mesures du chapiteau réel, dont les côtes indiquent que les anciens avaient judicieusement pensé qu'il fallait plus de hauteur aux feuilles du pilastre, comme étant plus large que le chapiteau de la colonne (3).

(1) Vitruve (livre 4e, chapitre 3), remontant à l'origine de l'art, dit que les modillons et les denticules sont deux ornemens incompatibles dans une même corniche, et que les Grecs ont leurs mutules seuls, ou leurs denticules seules, pour chaque corniche.

(2) Voyez planche 59.

(3) Les chapiteaux des pilastres du portique du même édifice sont plus hauts de près de deux parties que ceux des colonnes (voyez planche 38); mais peut-être aussi ces pilastres faisaient-ils partie de l'ancienne construction, ce que les cannelures de leur fût paraîtraient indiquer; nous appuyons même cette opinion sur ce que cette différence n'existe pas aux chapiteaux des pilastres dans l'intérieur.

DE L'ORDRE CORINTHIEN DE LA PLACE OU DU FORUM DE NERVA.

PLANCHE XL.

Cet ordre nous donne une haute idée de la magnificence romaine. Quand on considère qu'une simple enceinte était ainsi ornée, on se demande quelle pouvait être la richesse du temple qui y était renfermé. Le système des moulures dans l'entablement et l'architrave est le même que celui du portique du Panthéon; mais ici les moulures sont ornées, la face denticulaire en est taillée, et quelques proportions de détails en font toute la différence. Les figures en bas-relief dont la frise est composée représentent des travaux de manufactures dirigés par Minerve. Cette sculpture est de la plus grande beauté. Le chapiteau est aussi d'un fort bel effet.

Ce reste de monument étant à moitié enterré, et attenant à des constructions dans lesquelles il se trouve engagé, on ne connaît point la base des colonnes (1).

DU TEMPLE D'ANTONIN ET DE FAUSTINE.

PLANCHE XLI.

Si la proportion de la colonne, la forme de son chapiteau et de sa base déterminent l'espèce d'ordre auquel elle appartient, celle-ci sans doute est Corinthienne; mais si l'on compare son entablement à celui du portique du Panthéon, on verra qu'ils ne se ressemblent que sous très-peu de rapports, et cela prouvera au moins que le composé des membres et des moulures que supportent des colonnes peut être purement idéal, en se renfermant toutefois dans les proportions générales, avec des ornemens qui puissent suppléer au manque des parties, qui forment l'ensemble d'un entablement Corinthien complet.

DU FRONTISPICE DE NÉRON.

PLANCHE XLII.

Voici un second exemple du même genre que le précédent; mais quelle fermeté, quel nerf dans la composition de l'ensemble de cet entablement! Quelle belle masse de résistance il présente aux injures du tems! Aussi conviendrait-il parfaitement pour l'extérieur d'un édifice capital. Il ne reste que quelques fragmens de ce frontispice, et un seul pilastre, remarquable par trois feuilles de face au premier rang, et deux au second (2). Ce pilastre, que nous avons représenté en masse par moitié, est diminué par le haut comme une colonne, et c'est sur la coupe de son profil que nous avons hasardé d'établir un chapiteau de colonne (3).

(1) Pour faire voir jusqu'à quel point on peut enrichir l'ordre Corinthien, nous aurions pu ajouter le trait de cet ordre, tiré des Thermes de Dioclétien, dont Chambrai, dans son Parallèle, nous donne la gravure d'après Piro-Ligorio; mais ne pouvant compter sur la correction de l'ensemble et des détails, d'après l'ordre Dorique du théâtre de Marcellus et de celui de la Fortune-Virile, qu'il donne, et qui ne sont rien moins qu'exacts, nous avons cru devoir nous en abstenir, quoique nous nous soyons montré moins difficile pour l'Ionique des mêmes Thermes, que nous connaissions d'ailleurs.

(2) Le même exemple de chapiteau de pilastre se voit aux Thermes de Dioclétien.

(3) Ce chapiteau de pilastre a six parties trois quarts de hauteur de plus que ceux du portique du Panthéon. On ne fait cette remarque que parce que le fût du pilastre a la même largeur sous l'astragale que la colonne devait avoir de diamètre. Il faut sans doute que cette différence de proportion provienne de la grande élévation des colonnes, dont le diamètre, pris au dessus de la base, était de six pieds; c'est un des plus colossals que les Romains aient exécuté à Rome.

Planche XL.

CHAPITEAU ET ENTABLEMENT CORINTHIEN
de la Place de Nerva à Rome.

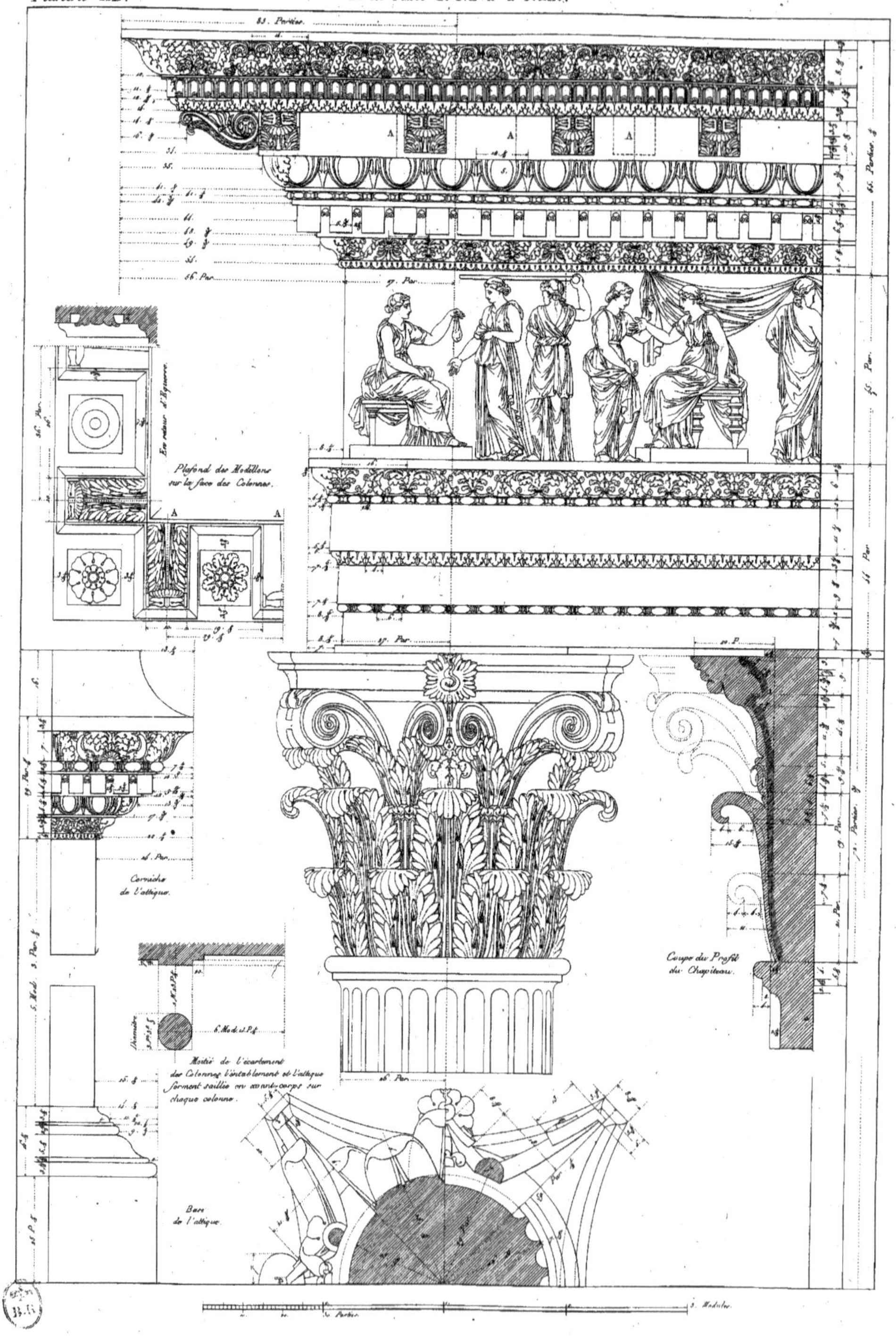

Plafond des Modillons sur la face des Colonnes.
En retour d'Equerre
Corniche de l'attique.
Moitié de l'écartement des Colonnes, l'entablement et l'attique forment saillie en avant-corps sur chaque colonne.
Coupe du Profil du Chapiteau.
Base de l'attique.
Parties
3. Modules

Planche XLI.

BASE, CHAPITEAU ET ENTABLEMENT CORINTHIEN
du Temple d'Antonin et de Faustine à Rome.

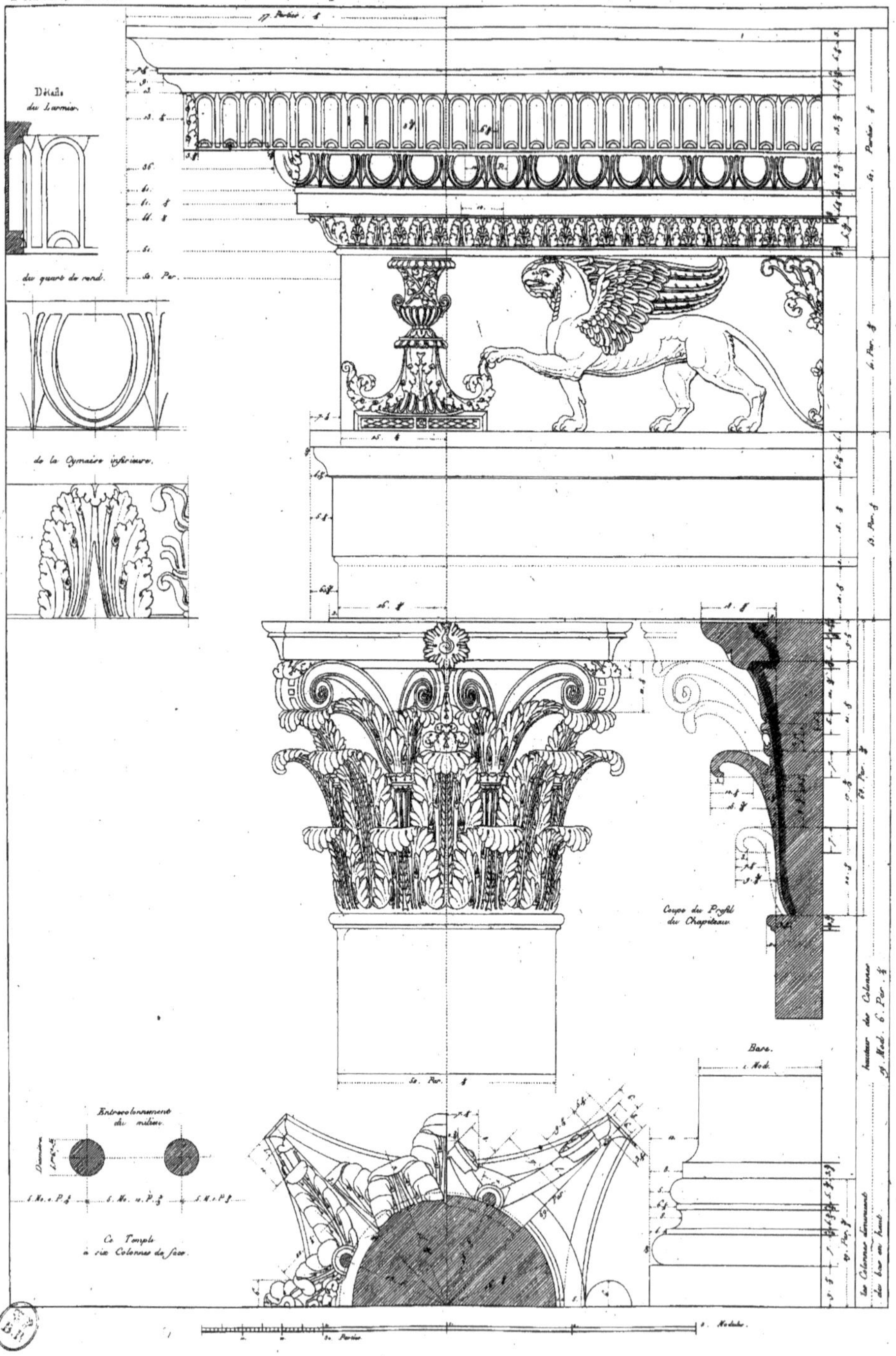

Détails du Larmier.
du quart de rond.
de la Cymaise inférieure.
Coupe du Profil du Chapiteau.
Base.
Entrecolonnement du milieu.
Ce Temple a six Colonnes de face.

Planche XLII.

BASE, CHAPITEAU ET ENTABLEMENT CORINTHIEN

du Frontispice de Neron à Rome.

Moitié de la face du Pilastre
Coupe du Profil du Chapiteau de la Colonne et du Pilastre.
Base
Entrecolonnement présumé

Planche XLIII.

PIEDESTAL, BASE, CHAPITEAU ET ENTABLEMENT CORINTHIEN
de l'Arc de Constantin à Rome.

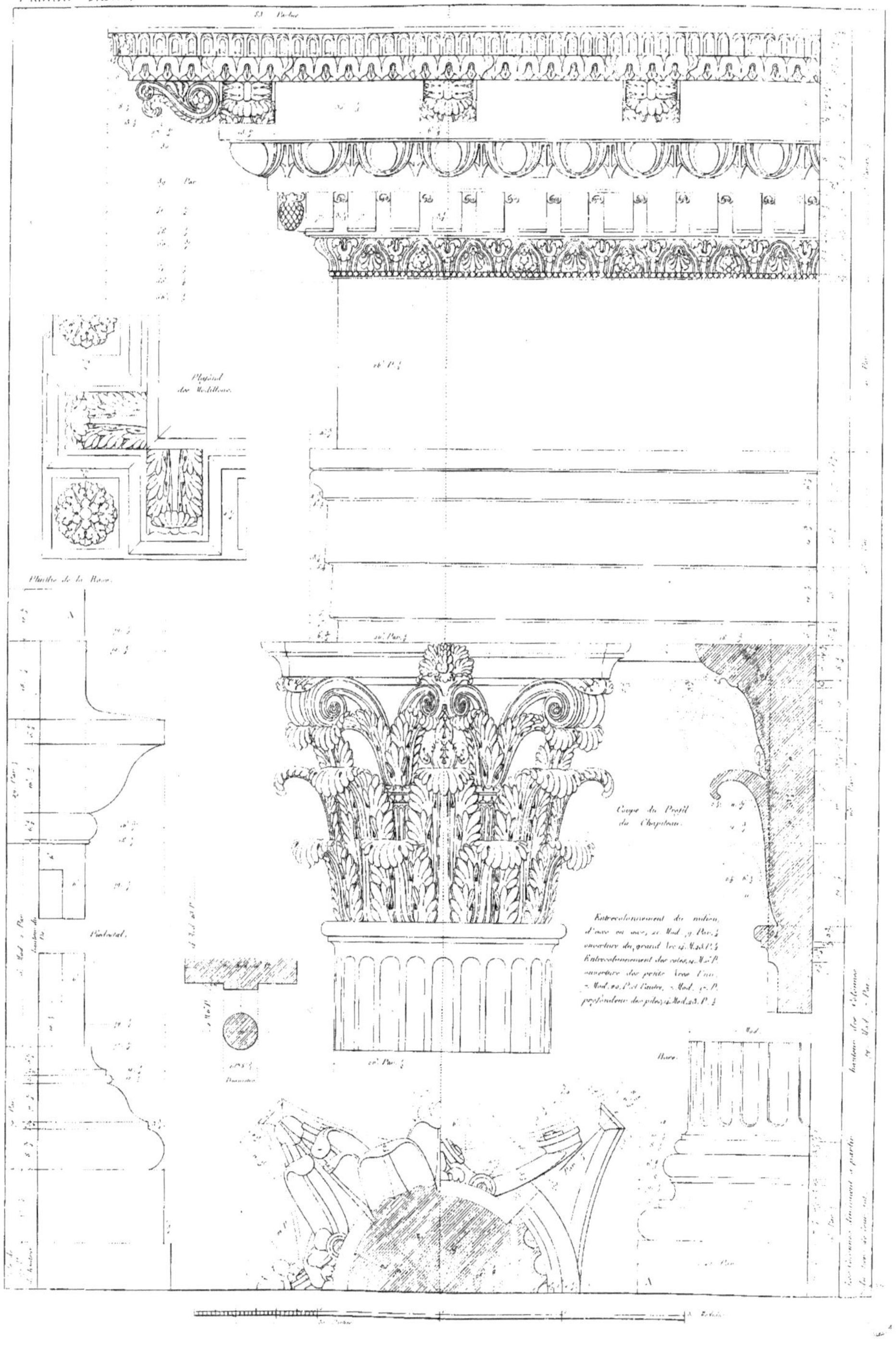

Plafond des Modillons.
Plinthe de la Base.
Piedestal.
Coupe du Profil du Chapiteau.
Base.

Planche XLIV.

ORDRE CORINTHIEN.

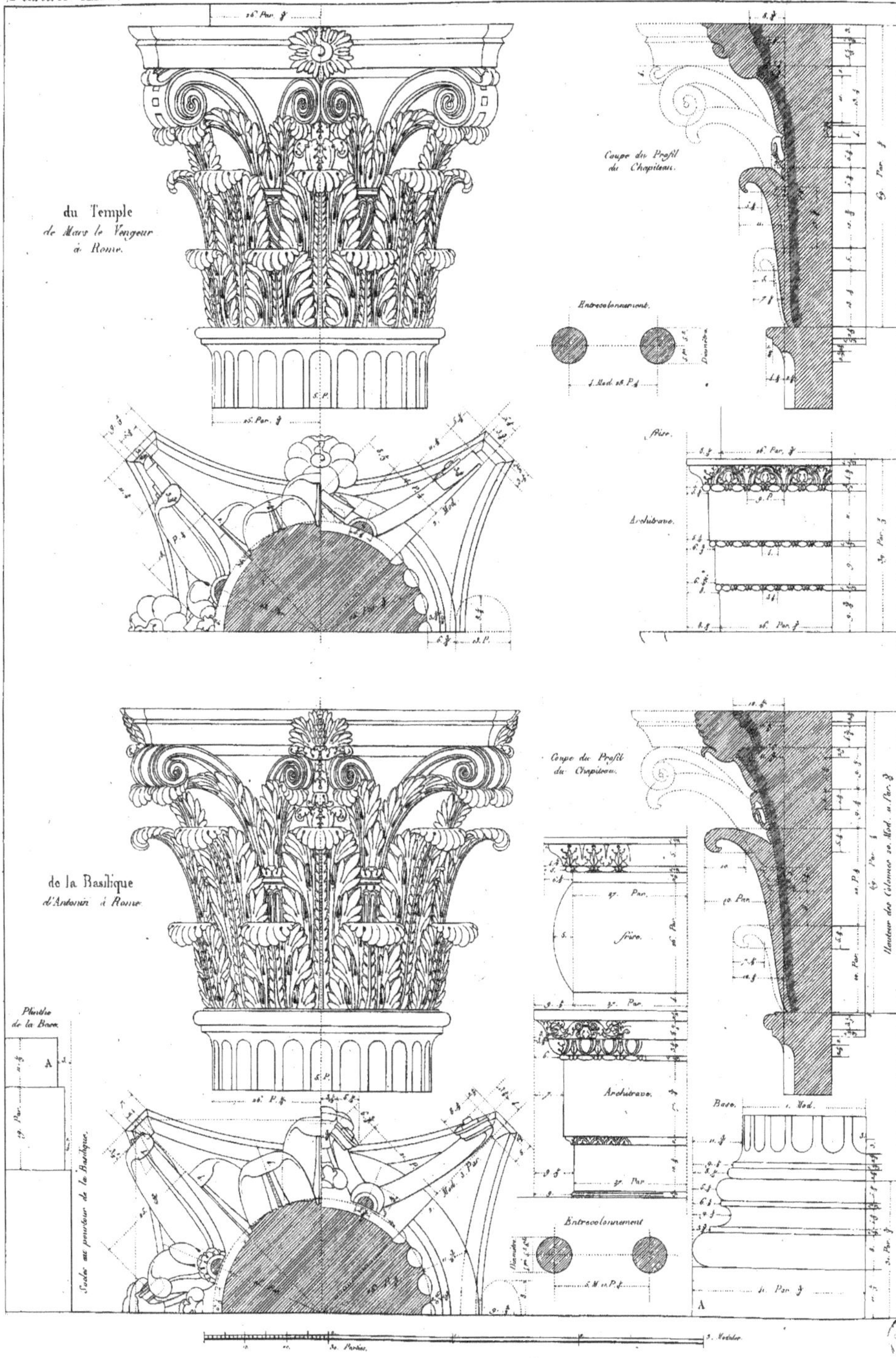
du Temple
de Mars le Vengeur
à Rome.
Coupe du Profil
du Chapiteau.
Entrecolonnement.
Frise.
Architrave.
de la Basilique
d'Antonin à Rome.
Coupe du Profil
du Chapiteau.
Plinthe
de la Base.
Frise.
Architrave.
Entrecolonnement
Base.
Hauteur des Colonnes 20. Mod. 11. Par.
Socle au pourtour de la Basilique.
30. Parties.

DE L'ARC DE CONSTANTIN.

PLANCHE XLIII.

L'entablement de cet arc paraîtra irrégulier si on le compare à ceux du Panthéon. Son larmier est très-petit, sans cymaise au dessus; la bande sur laquelle sont appuyés les modillons est beaucoup plus haute que leur face; et ses moulures, fortement prononcées, n'ont pas cette harmonie que nous offrent les exemples précédens. Cet édifice passe pour avoir été construit des débris d'un monument beaucoup plus considérable. Le manque de cymaise paraîtrait l'indiquer, ainsi que le soffite de l'architrave, dans lequel le tailloir du chapiteau des colonnes est entré de plusieurs parties. Toutes les saillies des moulures lèvent par devant, ainsi que les bandes de l'architrave, qui elles-mêmes saillent par le bas. Les cannelures des colonnes sont de la même manière que celles de l'intérieur de la rotonde; le chapiteau a de la fermeté.

DU TEMPLE DE MARS-VENGEUR, ET DE LA BASILIQUE D'ANTONIN A ROME.

PLANCHE XLIV.

La corniche de l'entablement, dans ces deux édifices, est totalement ruinée. Il ne reste sur les colonnes du temple de Mars, au nombre de trois, et qui elles-mêmes sont enfouies presque jusqu'au tiers de leur fût, que l'architrave et une partie de la frise. Sur celles de la basilique, l'architrave, la frise et une partie de la corniche se voient encore à peu près telles que nous les avons représentées. Ce n'est donc en partie que pour les chapiteaux, si différens par leur forme, que nous en avons fait une planche.

Au chapiteau du temple de Mars les feuilles sont modérément saillantes, et chaque refend n'est découpé que de quatre feuilles d'olives, et seulement de trois par chaque côté à la naissance des caulicoles qui soutiennent les volutes (1). Ce chapiteau a quelque chose de large et d'une simplicité noble et élégante dans son ensemble, qui termine bien la colonne.

Celui de la basilique, au contraire, est très-évasé, sortant outre mesure de son aplomb; les volutes sont petites et débordent le tailloir. Il ne peut produire un heureux effet vu diagonalement; il rend l'aspect du fût de la colonne, à son extrémité, comme étranglé et insuffisant pour le supporter.

Remarque.

Il y a une grande variété dans les chapiteaux Corinthiens antiques. Chaque architecte, sans avoir osé s'écarter des grandes proportions reçues pour les composer, semble avoir ajusté celles des détails suivant son goût, ce qui en rend le choix difficile.

Les plus appréciés sont ceux du Panthéon, du temple d'Antonin et de Faustine, du temple de Jupiter-Stator, du temple de Mars-Vengeur, et quelques autres qui, sans être même parfaitement Corinthiens, en ont toute la grâce et la légèreté.

(1) Les feuilles du chapiteau du temple de Vesta, à Rome, sont de la même manière.

ORDRES CORINTHIENS MODERNES.

Après avoir vu une partie des restes magnifiques des ordres Corinthiens de la Grèce et de l'antique Rome, la variété et le goût avec lesquels, plus particulièrement, les architectes romains de ce tems surent les mettre en œuvre, nous allons présenter le parti qu'en ont tiré plusieurs architectes célèbres dans le siècle de la renaissance des beaux-arts. Avec le même but, quelle différence cependant ils ont mis dans la combinaison des détails, dans la proportion et la disposition générale de l'ensemble!

ANDRÉ PALLADIO.

Planche XLV.

Palladio n'a donné que neuf diamètres et demi de hauteur à sa colonne. Son entablement est du cinquième de la colonne. Il est profilé d'une manière pure et délicate; mais les profils de son imposte et de son piédestal semblent être d'une autre main (1). Sa base, qui est celle attique augmentée de tondins ou baguettes au dessus et au dessous de la scotie, ainsi qu'au dessus du tore supérieur, paraît un peu compliquée. On pourrait supprimer la baguette qui est au dessous du tore supérieur. Ses colonnes étant plus courtes, il a mis plus d'espacement entre elles. Nous pensons que cet ordre réussirait parfaitement pour les palais, les maisons particulières un peu importantes qui n'exigent pas une grande dimension, et laisserait jouir alors de toute la finesse et du goût épuré dont son auteur a donné tant d'autres preuves.

VINCENT SCAMOZZI.

Planche XLVI.

L'entablement de Scamozzi n'a pas la même pureté; il semble avoir dédaigné de suivre ses modèles, et, même en s'en approchant, il les déguise. Il a privé tout-à-fait de lumière ses modillons par la saillie de son larmier (2). Au lieu de la face denticulaire, il a substitué de fortes moulures, dont les profils font l'effet d'être renversés l'un sur l'autre, ou d'avoir besoin de leurs secours mutuels pour se supporter. Son architrave est dans le même goût, mollement profilée. En général, on n'a guère vu que cette manière ait eu l'assentiment d'un grand nombre d'architectes.

(1) Ils sont trop matériels, en admettant même que les moulures inférieures dussent présenter plus de fermeté par rapport au corps solide auquel elles appartiennent, et en raison de la masse élevée au dessus d'elles.

(2) L'étude du tracé des ombres dans l'architecture est une partie essentielle; c'est par la portée des ombres que l'on se rend compte des effets que doivent produire les saillies sur les corps ou les arrière-corps qu'elles excèdent. Voyez notre *Méthode abrégée des Ombres dans l'Architecture*, à l'usage des élèves dans cet art, ouvrage faisant suite à notre *Vignole des Architectes*; 1827.

Planche XLV.

PIEDESTAL, BASE, CHAPITEAU ET ENTABLEMENT CORINTHIEN
d'André Palladio.

Plafond des Modillons
Imposte et Archivolte
Plynthe de la Base
Piedestal
Coupe du Profil du Chapiteau
Base

Planche XXVI.

PIEDESTAL BASE CHAPITEAU ET ENTABLEMENT CORINTHIEN
de Vincent Scamozzi.

Plafond des Modillons
Pedestal
Coupe du Profil du Chapiteau
Base
Entrecolonnement simple.
Arcades entre des Colonnes
Arcades entre des Colonnes sur Piedestaux

PIEDESTAL, BASE, CHAPITEAU ET ENTABLEMENT CORINTHIEN
de J. Barozzio de Vignole.

Planche XLVII.

Plafond des Modillons
Plinthe de la Base
Piedestal
Entrecolonnement simple
demi Arcade entre des Colonnes
demi Arcade entre des Colonnes sur leurs Piedestaux
Coupe du Profil du Chapiteau
Base

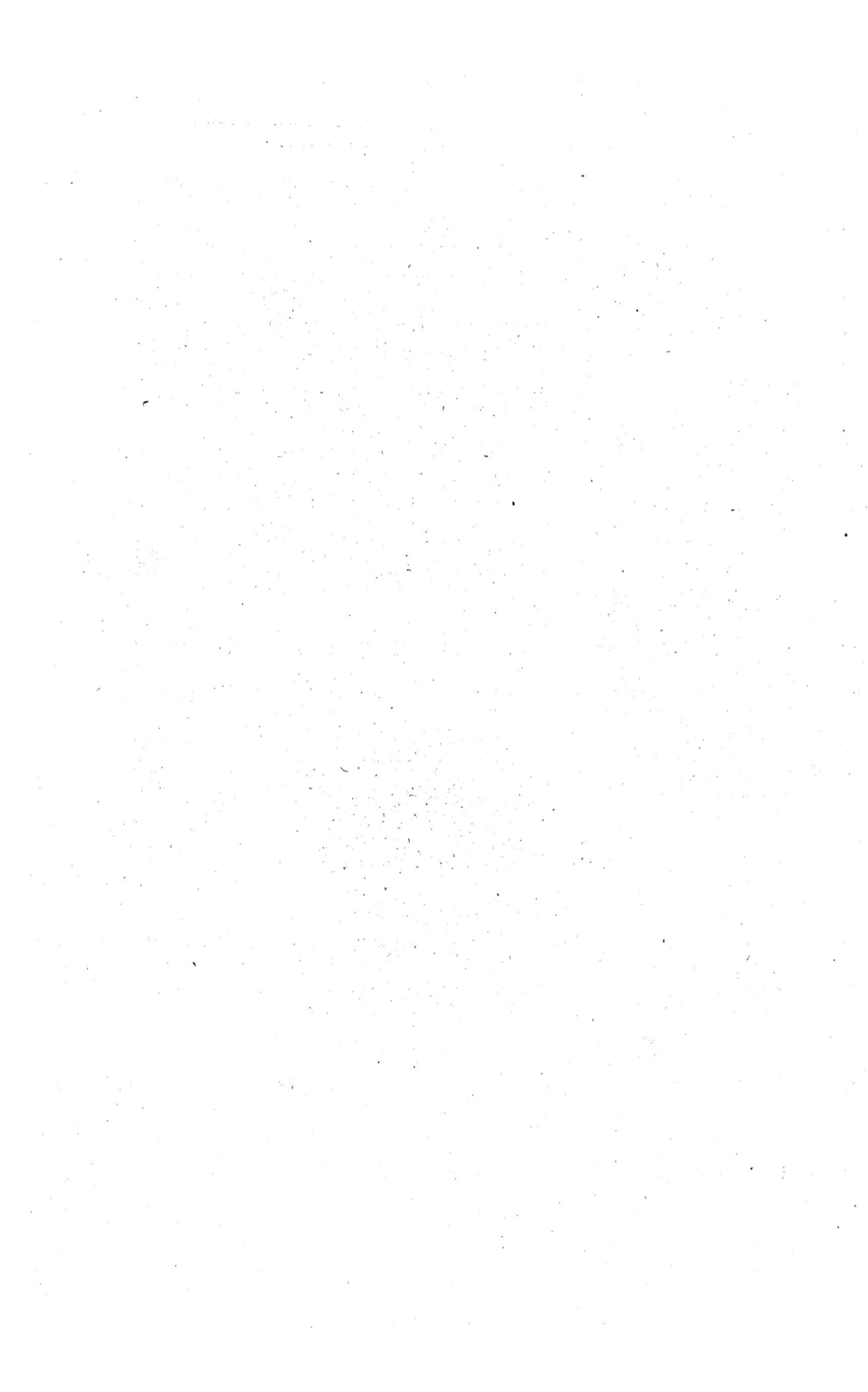

Planche XLVIII.

ORDRE CORINTHIEN
de Serlio et de L.B. Alberti.

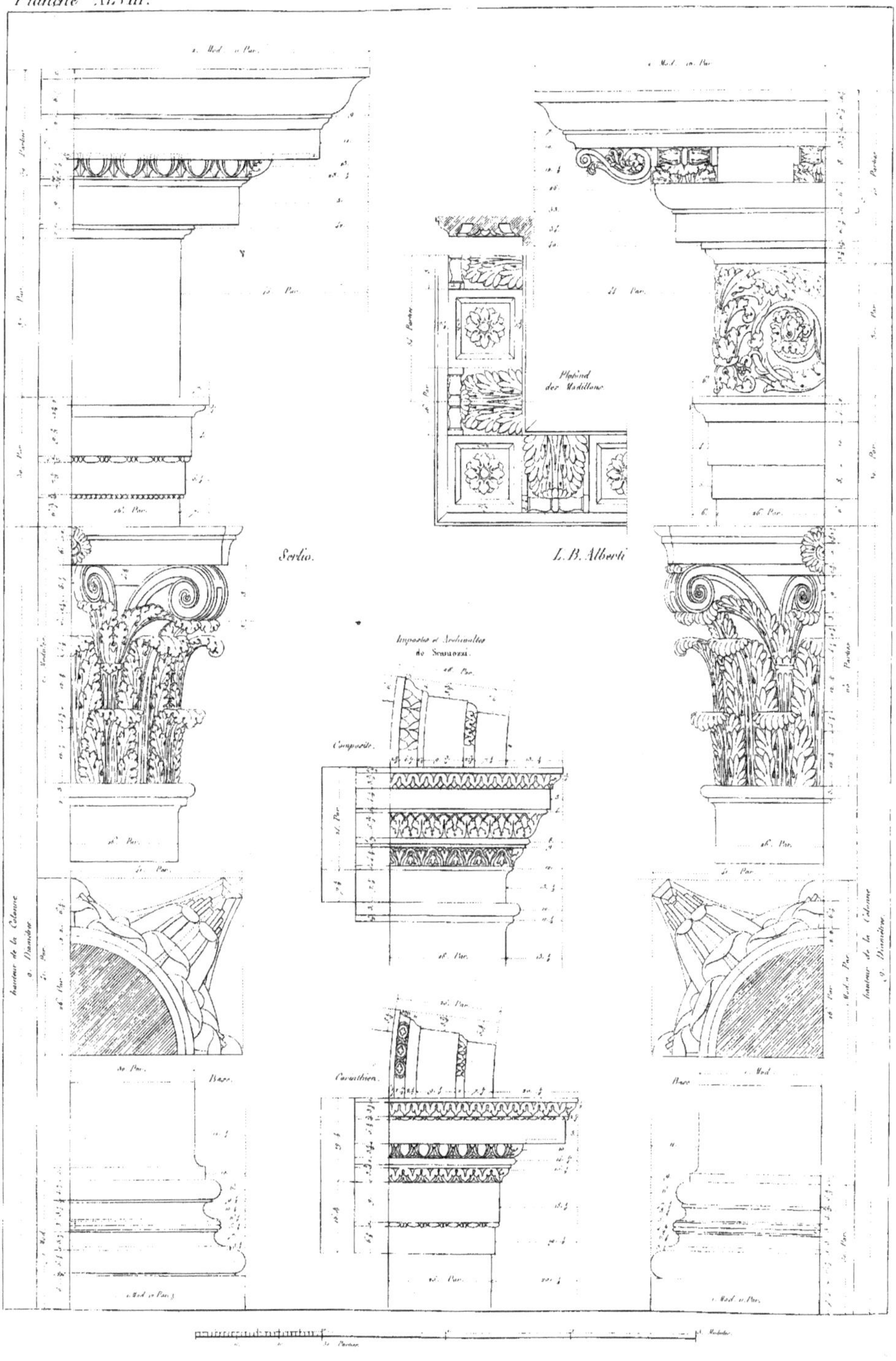
Serlio.
L.B. Alberti.
Plafond des Modillons
Impostes et Archivoltes de Scamozzi.
Composite.
Corinthien.
Base.
Base.
hauteur de la Colonne 9. Diamètres
hauteur de la Colonne 9. Diamètres

J. BARROZZIO DE VIGNOLE.

PLANCHE XLVII.

VIGNOLE ne profile pas toujours dans la manière des anciens. Il semble qu'il laisserait à désirer un peu plus de force au réglet qui couronne la cymaise au dessus du larmier de la corniche, ainsi qu'à celui au dessus du grand talon de l'architrave. Il faudrait peut-être aussi diminuer la saillie de la corniche de deux parties (d'après son échelle, dont le module est divisé en dix-huit parties), ce qui remettrait les caissons qui sont sous le larmier entre les modillons, à peu près dans la forme carrée, qui est la plus naturelle. Cette diminution, prise au dépens des modillons, ne changerait rien à leur division ni à l'ordonnance des autres moulures. Les autres profils sont bien conçus, et ont eu beaucoup d'imitateurs. Son chapiteau aurait plus de grâce si les feuilles du second rang étaient moins saillantes; mais Vignole dit lui-même qu'il a consulté les différens auteurs, rarement d'accord entre eux, et ensuite les monumens antiques, autorité plus respectable sans doute; mais que, ceux-ci variant beaucoup dans leurs rapports même les plus apparens, il n'a vu d'autre moyen que d'établir une règle fixe, et que c'est ainsi qu'il a formé des parties des uns et des autres un ensemble raisonné auquel il a soumis les cinq ordres que nous avons de lui.

Remarque.

Sans doute on doit beaucoup à Vignole pour le résultat de ses recherches : mais il s'en est suivi un abus tel, que, sans distinction de masses ou de proportions, les ordres de Vignole ont été employés partout, plutôt par routine que par jugement, et sont devenus en quelque sorte le type ou le régulateur de l'architecture, au mépris ou au plus profond oubli des sources même où il avait puisé. Mais comme cet ouvrage mettra à même de les comparer sans beaucoup de recherches, les différences y paraîtront tellement sensibles, qu'elles conduiront naturellement à une étude dont les résultats seront plus satisfaisans.

SERLIO ET ALBERTI.

PLANCHE XLVIII.

Il est évident que SERLIO n'a suivi que le sentiment de Vitruve dans cet ordre. La proportion de sa colonne, celle de son chapiteau, dont les feuilles sont d'acanthe (1), son entablement Ionique même, auquel il n'a ajouté qu'une moulure sous le larmier en l'agrandissant un peu, ne décèlent pas l'homme qui passe cependant pour avoir eu un génie supérieur. On pourrait employer cet ordre avec quelque succès pour l'encadrement des portes et des croisées.

ALBERTI, qui a pris ses modillons aux dépens de la face du larmier, n'est pas sans autorité dans l'antique (2); mais ces mêmes modillons paraissent être collés sous le talon continu qui les couronne. Du reste, son profil est assez pur; son chapiteau est court aussi, et quoique

(1) Vitruve ne donne que deux modules de hauteur à son chapiteau, y compris le tailloir.

(2) Voyez, planche 57, la corniche du temple de la Paix; et, planche 58, la corniche du troisième ordre du Colisée, à Rome.

sa colonne, comme celle de Serlio, n'ait que neuf diamètres de hauteur, il pourrait être employé de même avec succès en second ordre. Il faudrait peut-être en rétrécir les modillons, et tailler la face denticulaire (1).

Remarque.

On doit observer que les chapiteaux des auteurs modernes ont une physionomie différente de celle des chapiteaux Corinthiens antiques, parce qu'en suivant les préceptes de Vitruve, les modernes ont divisé l'espace entre l'astragale et le tailloir en trois parties égales : la première et la seconde pour les deux rangs de feuilles, et la troisième pour les volutes et les caulicoles; au lieu que dans les chapiteaux antiques, on ne rencontre aucune règle de cette sorte, les feuilles du second rang ayant presque toujours moins de hauteur que celles du premier. La même différence se remarque dans les chapiteaux Composites qui vont suivre.

NOMS DES PRINCIPALES MOULURES ET AUTRES ORNEMENS DE L'ORDRE CORINTHIEN DE VIGNOLE.

NOTA. La forme et les noms des moulures étant les mêmes pour tous les ordres, et ne variant que dans leurs combinaisons, nous nous dispenserons d'en donner ici une nouvelle nomenclature; nous indiquerons seulement les noms des formes et des ornemens, ou de tous autres membres qui sont propres à l'ordre Corinthien. Nous en ferons de même pour l'ordre Composite.

PLANCHE XLVII.

De la corniche.

A. Cymaise sur laquelle saillent des mufles de lions servant de gouttières.
B. Modillons.
C. Profil des modillons.
D. Bande servant de fond aux modillons.
E. Pomme de pin pour remplir le retour d'équerre des denticules.

De la frise.

F. Frise ornée d'un bas-relief.

De l'architrave.

G. Architrave dont toutes les moulures qui séparent les bandes sont ornées de sculpture.

Du chapiteau.

H. Tailloir, ou abaque.
I. Rose.
K. Grandes volutes.
L. Petites volutes, ou hélices.
M. Caulicoles et leurs tigettes.
N. Feuilles des caulicoles supportant les volutes.
O. Grandes feuilles } dont les refends sont taillés
P. Petites feuilles } en feuilles d'olives.
Q. Vase ou tambour sur lequel sont appuyés les feuilles, les volutes et les caulicoles.
R. Lèvres du vase.
S. Culot duquel sort la tige qui, passant derrière les volutes, supporte la rose I.

Coupe du chapiteau.

T. Profil du vase, de la lèvre et de la rose.
U. Ligne sur laquelle est assujettie la saillie des feuilles et des volutes.

Plan du chapiteau.

V. Volutes sortant de la tigette.
X. Disposition des caulicoles au dessus de la tigette contenant les volutes.
Y. Plan du tailloir, du vase et des cannelures, qui sont au nombre de vingt-quatre.
Z. Plan de la saillie et de la disposition des feuilles.
W. Saillie de la rose.

(1) Les ordres Corinthiens de Catanéo et de Barbaro ne méritent pas, suivant nous, d'être cités.

Planche XXIX.

PIEDESTAL, BASE, CHAPITEAU ET ENTABLEMENT COMPOSITE ROMAIN,
de l'Arc de Titus à Rome.

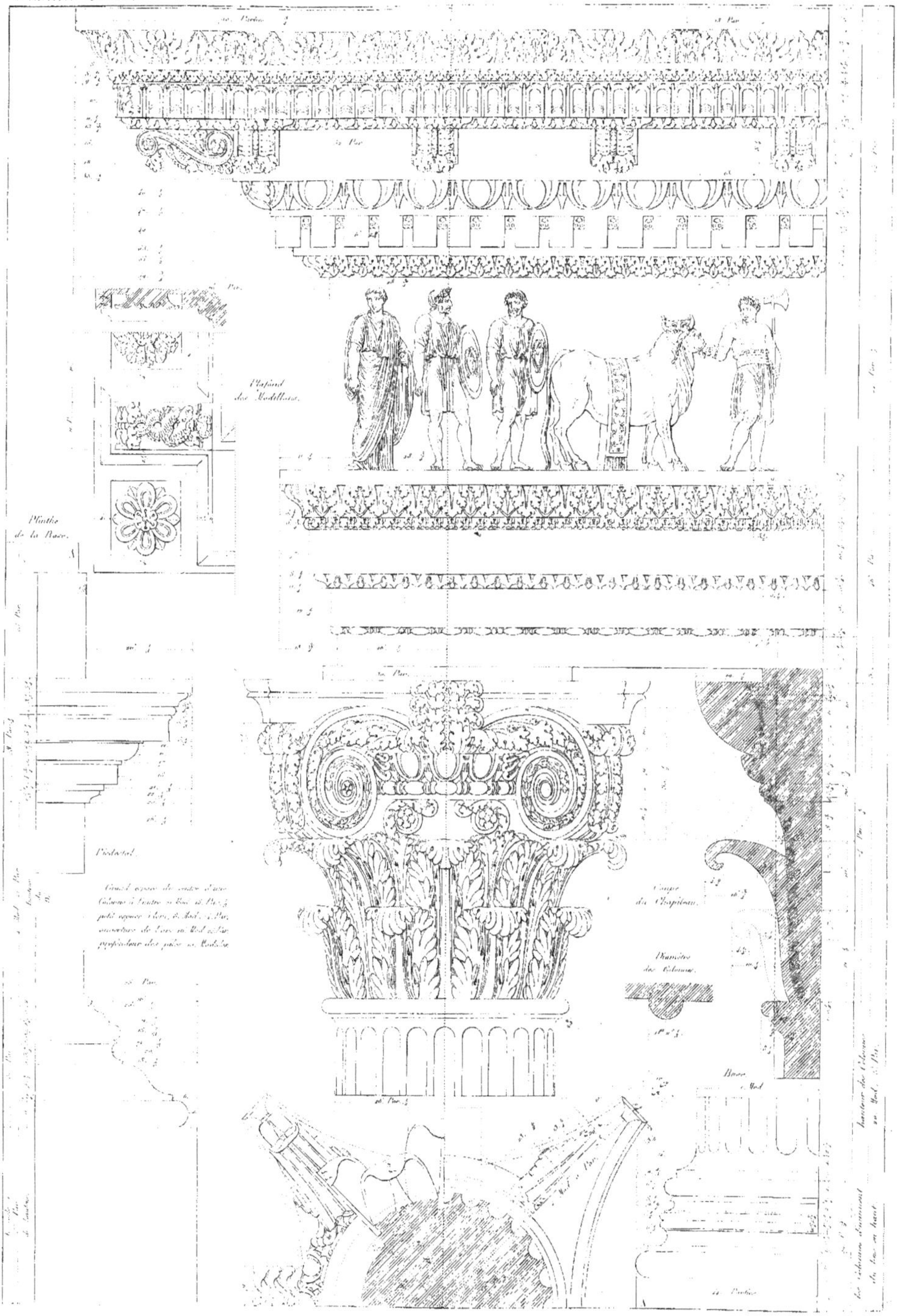
Plafond des Modillons.
Plinthe de la Base.
Piédestal.
Coupe du Chapiteau.
Diamètre des Colonnes.
Base

ORDRES COMPOSITES ANTIQUES ET ROMAINS.

On a long-tems discuté pour savoir si l'on devait faire une cinquième classe de l'ordre Composite, ou si on le placerait entre l'Ionique et le Corinthien, ou si, sans aucune dénomination, on l'abandonnerait au goût ou à la convenance de quelques monumens. Nous ne croyons pas que les Romains aient jamais eu la pensée de déterminer le classement des ordres; et de même que les Grecs, pour le chapiteau Corinthien, ils n'ont point affecté d'entablement particulier au chapiteau Composite. On ne voit à Rome que trois ordres antiques bien distincts : le Dorique, l'Ionique et le Corinthien ; mais leur composé, que Palladio et Scamozzi nomment romain, et que depuis, pour dénomination plus directe, on est convenu d'appeler Composite, pourrait, à la rigueur, former un quatrième ordre. Cet ordre hermaphrodite, si l'on peut employer cette expression, n'a jamais été mis en œuvre par eux d'une manière bien capitale, si ce n'est aux arcs de Titus et de Septime-Sévère; et quoique sa forme soit agréable, il convient mieux en effet pour les intérieurs, vu qu'on peut augmenter ou modifier l'entablement qui le couronne.

DE L'ARC DE TITUS A ROME.

Planche XLIX.

Voici, dans l'arc de Titus, un troisième exemple que l'entablement ne constitue pas toujours l'ordre, puisque sur un chapiteau Composite, nommé ainsi parce qu'il est mi-partie Ionique et mi-partie Corinthien, cet entablement est purement Corinthien. Ces sortes de chapiteaux, de l'invention des Romains, qui n'ont point l'élégance ni de l'un ni de l'autre, ne sont cependant pas sans grâce. Ce chapiteau de l'arc de Titus paraît avoir été le premier ajusté dans ce style. Outre son origine, il a encore l'avantage d'avoir conservé sa supériorité sur tous ceux qui ont été faits depuis à son imitation. On peut indifféremment l'orner avec des feuilles d'acanthe ou d'olivier (1), et c'est d'après l'examen le plus scrupuleux que, malgré son état de vétusté, il a été reconnu être taillé de ce feuillage, et que nous nous sommes permis de le tracer ainsi, sans du reste changer en rien le galbe de ses feuilles ni de sa forme apparente.

(1) La feuille de laurier pouvait aussi convenir à ce genre d'édifice.

DE L'ARC DE SEPTIME-SÉVÈRE.

Planche L.

L'entablement de cet arc est bien distinct du Corinthien et de l'Ionique, et, quoique participant de tous les deux, il forme un tout ensemble qui lui assigne plus justement sa place après eux, pour le rapporter au quatrième ordre des Romains. La corniche est d'un style ferme, mais demanderait un peu plus de saillie. Même défaut de développement, dans un autre sens, pour la frise, qui, par son peu de hauteur, doit paraître moins grande que la face de l'architrave, qui est forte elle-même par rapport à celle qui est au dessus du chapiteau. Les quarts de rond et les talons sont renflés, à la manière des Grecs, pour leur donner sans doute plus de relief. Plus de distance de la face du larmier à celle des denticules, et la frise proportionnée à l'architrave, en rendraient, suivant nous, l'ensemble satisfaisant. Le chapiteau est d'une belle forme; mais celui de l'arc de Titus paraît lui avoir été préféré par les architectes modernes, pour la naissance des volutes qui y sont adaptées plus naturellement.

Le profil de l'attique est gravé planche 58.

DES THERMES DE DIOCLÉTIEN.

Planche LI.

La richesse et l'ensemble de cet entablement nous ont engagé à le donner aussi pour exemple. C'est surtout dans ces sortes d'édifices que la magnificence des empereurs romains se déployait. Tableaux, statues, ornemens de tous les genres y étaient réunis avec profusion, et toujours disposés avec goût. Cet entablement est tiré de la grande salle de cet édifice (1). On y remarque une singularité, c'est que dans cette même pièce, sur huit colonnes qui la décorent, quatre sont Corinthiennes, celles des angles, et les quatre autres sont Composites. L'entablement, très-orné, serait Corinthien sans le double larmier que supportent les modillons, ce qui, malgré ce détail, nous a fait balancer si nous ne devions pas le ranger à cet ordre; mais le chapiteau Composite, qui déjà se trouve sous un entablement du même genre, nous a cependant déterminé, en ce que les exemples en sont plus rares, et que celui-ci a une physionomie différente des autres. Le tailloir en est orné et plus saillant, les volutes plus petites, et les feuilles plus rapprochées du vase (2).

(1) Aujourd'hui église du couvent des Chartreux.

(2) Depuis Desgodetz, que nous avons beaucoup consulté pour l'ensemble des ordres Corinthien et Composite, si quelques erreurs ont été rectifiées par divers architectes, elles étaient toujours peu importantes. Il est impossible que parmi tant de détails il n'en échappe pas toujours quelques-uns. Palladio semblerait, suivant lui, s'être attaché plutôt à développer l'ensemble des édifices de Rome, qu'à en tracer exactement les profils. Les rapprochemens que nous avons faits ici, d'après eux et d'autres auteurs, avec les fragmens antiques que nous devons en grande partie au zèle et au goût de l'antique d'un professeur de cet art (*), et dont les connaissances et les avis nous ont été d'un grand secours, nous ont facilité dans notre travail.

(*) Dufourni, architecte, membre de l'Institut, et professeur d'architecture à l'Ecole royale des Beaux-Arts, mort en 1818.

Planche L.

PIEDESTAL, BASE, CHAPITEAU ET ENTABLEMENT COMPOSITE
de l'Arc de Septime Sévère à Rome.

Coupe du Profil du Chapiteau.
Base.
Piedestal.
Plinthe de la Base.
de diamètre.

Planche LI.

BASE, CHAPITEAU ET ENTABLEMENT COMPOSITE
de la Grande Salle des Thermes de Dioclétien à Rome.

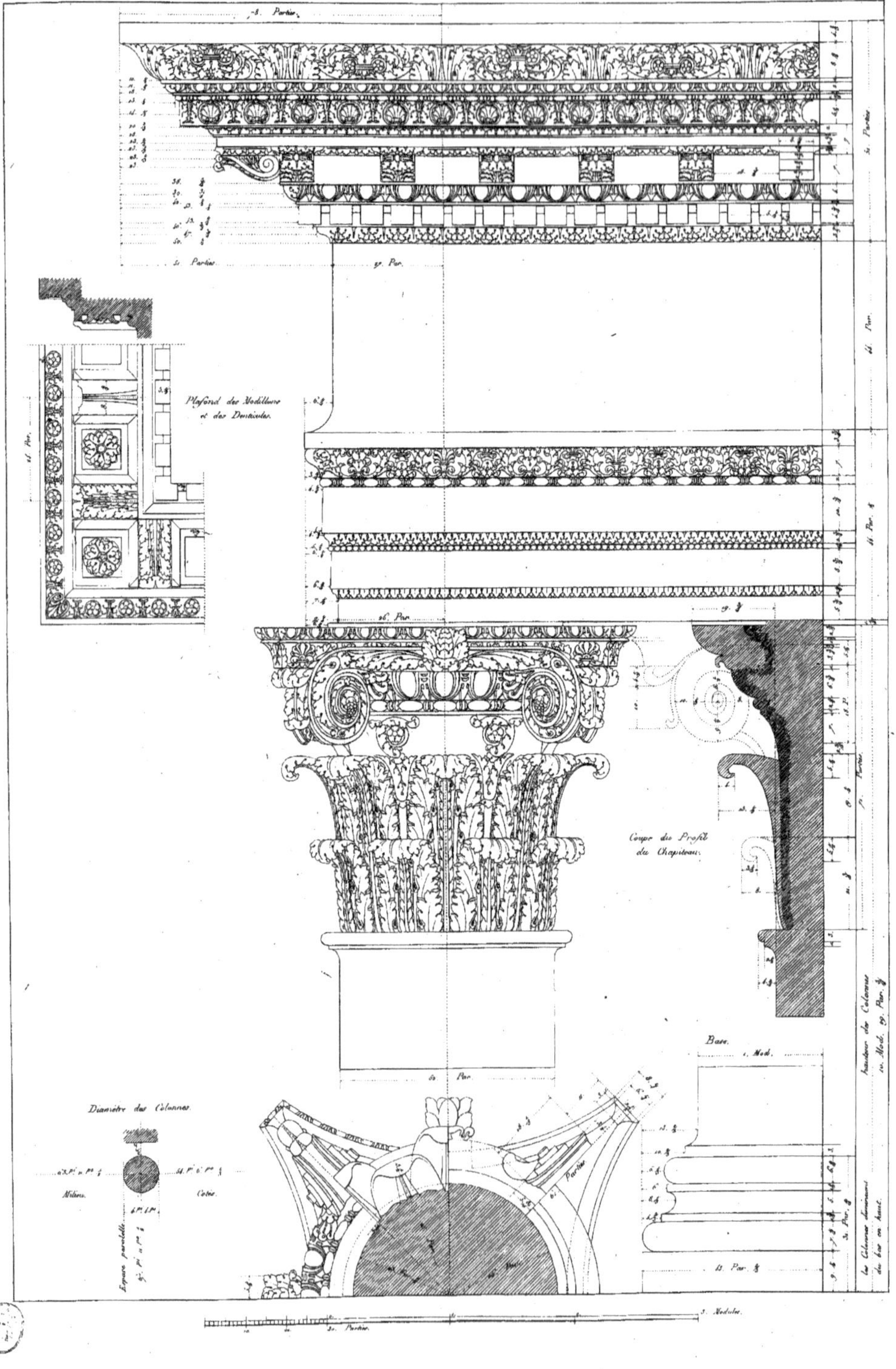
Plafond des Modillons et des Denticules.
Coupe du Profil du Chapiteau.
Base.
Diamètre des Colonnes.
Milieu.
Côtés.
La Colonne diminuée du bas en haut.
Hauteur des Colonnes 10. Mod. 29. Par.
3. Modules.
30. Parties.

Planche LII.

PIEDESTAL, BASE, CHAPITEAU ET ENTABLEMENT COMPOSITE
d'André Palladio.

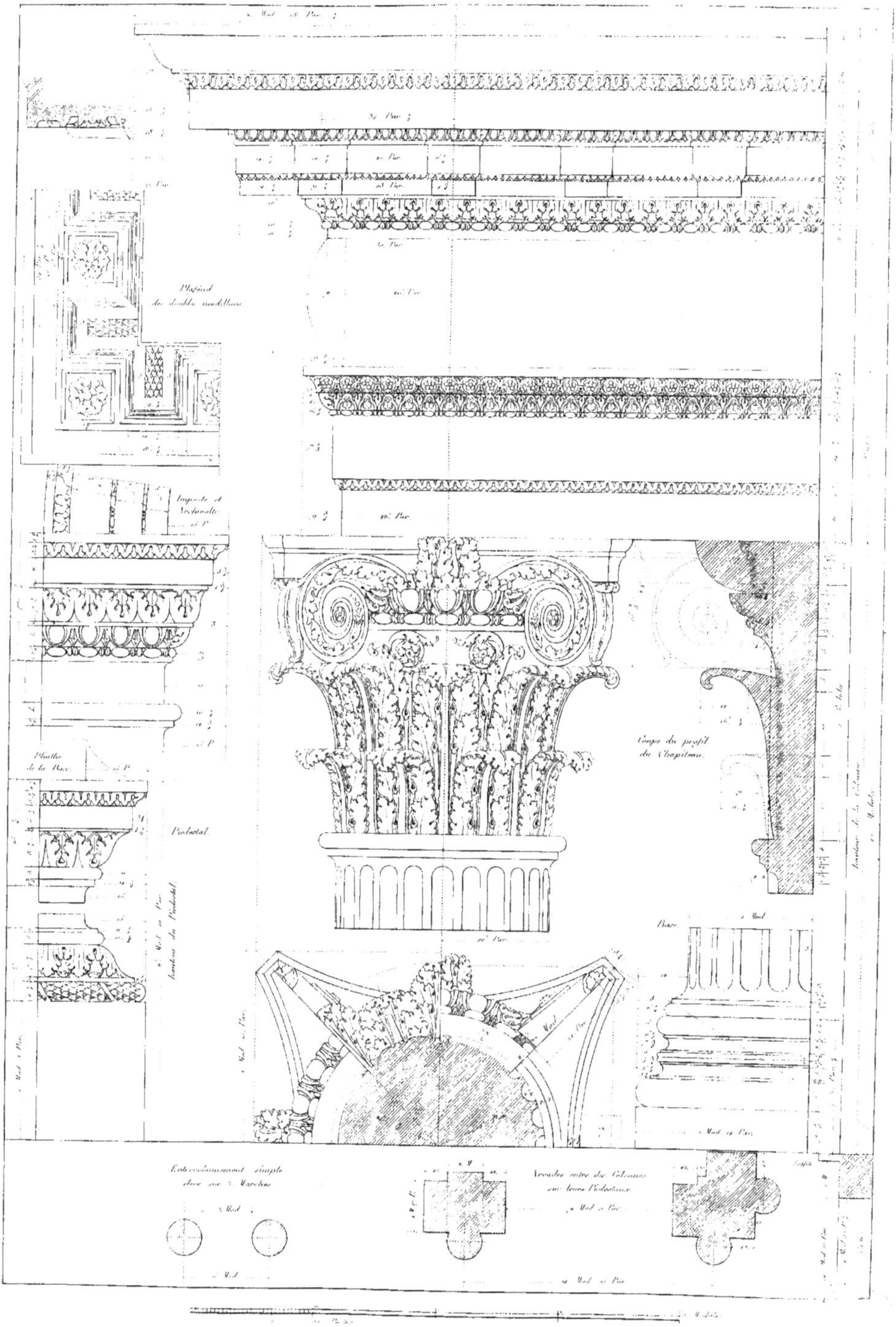
Plafond des doubles modillons
Imposte et Archivolte
Plinthe de la Base
Piedestal
hauteur du Piedestal
Coupe du profil du Chapiteau
Base
Entrecolonnement simple élevé sur 3 Marches
Arcades entre des Colonnes sur leurs Piédestaux

Planche LIII.

PIEDESTAL, BASE, CHAPITEAU ET ENTABLEMENT ROMAIN,
ou Composite, de Vincent Scamozzi.

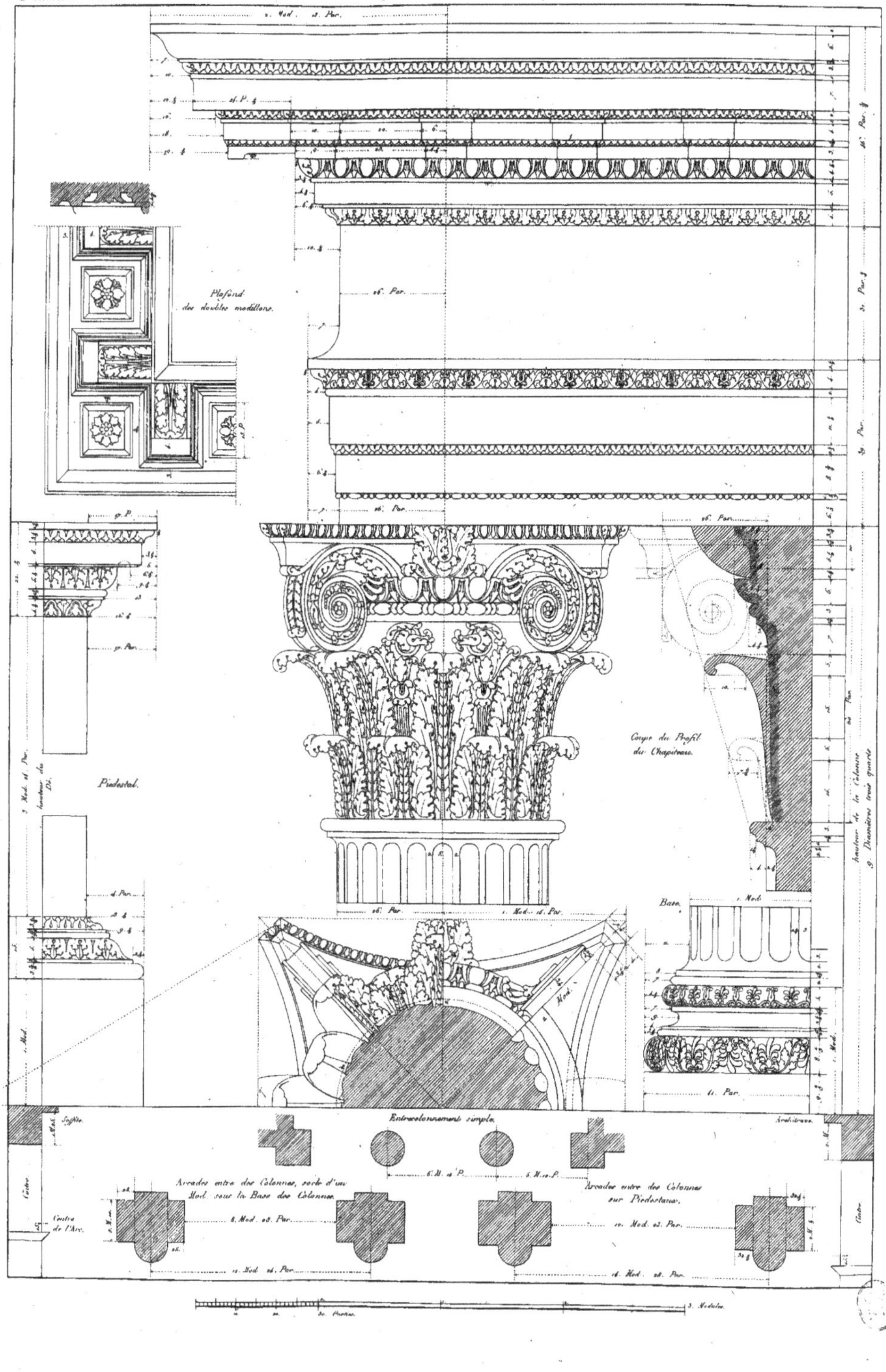

Plafond des doubles modillons.
Piedestal.
Coupe du Profil du Chapiteau.
Base.
hauteur de la Colonne
Entrecolonnement simple.
Soffite.
Architrave.
Arcades entre des Colonnes, socle d'un Mod. sous la Base des Colonnes.
Arcades entre des Colonnes sur Piedestaux.
Centre de l'Arc.
Centre

ORDRES COMPOSITES MODERNES.

Lorsque, après la renaissance des beaux-arts, celui de l'architecture eut jeté quelque éclat, il retomba bientôt dans la barbarie. L'on voit encore mille œuvres du génie en délire de ces tems, parmi lesquelles on remarque surtout les bizarreries du Boromini, et de quelques autres qu'il est inutile de nommer. Ces frontons coupés, formant des volutes auxquelles étaient suspendues des guirlandes, ces architraves ressautées, les chapiteaux Composites dénaturés, les festons contournés, toujours heurtés par des angles, prenant la place des enroulemens, ou de tant d'autres ornemens si beaux dans l'antique, amenèrent la corruption du goût dans les détails, l'oubli des principes; et la peinture même, et tout ce qui dépendait de l'art du dessin, se ressentit de cette funeste influence. Quelques artistes français, depuis, dont le génie heureux sut en imposer, ramenèrent peu à peu aux principes du beau, et parvinrent à changer totalement ce mauvais style. L'architecture, la peinture et la sculpture, ne pouvant surpasser l'antique, savent aujourd'hui l'apprécier, et marchent en s'appuyant sur lui.

COMPOSITE DE PALLADIO.

Planche LII.

Palladio, qui paraît avoir composé son entablement ou d'après celui du portique de l'enceinte du temple de Jupiter-Olympien à Athènes, ou d'après celui du frontispice de Néron à Rome, a peut-être donné le caractère propre à l'ordre Composite, par rapport à son ordre Ionique. Si la frise bombée, qui saille par le haut de quatre parties sur sa base, n'est pas pour la pureté une chose dont on puisse s'autoriser, il est au moins facile de voir qu'il n'a usé de ce moyen que pour la division de ses doubles modillons dans la corniche, voulant, en même tems qu'il s'en trouverait un aplomb sur l'axe de la colonne, conserver au plafond du larmier l'espace nécessaire pour y placer des caissons réguliers. Son chapiteau est d'un style soutenu; mais sa base, dont la baguette au dessus du premier torc est trop forte, et le tore inférieur trop petit, peut aisément être rectifiée. Elle a trente-une parties et demie de hauteur, et sa colonne dix diamètres.

COMPOSITE DE SCAMOZZI.

Planche LIII.

Scamozzi semble avoir puisé à la même source; son entablement a quelque chose de moins sévère, de trop détaillé. Il y a introduit la face denticulaire non taillée, qu'il n'avait pas adoptée pour le Corinthien. Cette partie, prise aux dépens des doubles modillons, les fait paraître courts. Son chapiteau, sa base ornée même, ne sont pas sans grâce. Palladio et

Scamozzi ont terminé en amortissement, ou congé prolongé sur la saillie de la corniche de leurs piédestaux, le socle ou plinthe de la base des colonnes pour l'Ionique, le Corinthien et le Composite : ce que Vignole n'a pas adopté, et dont on voit peu d'imitateurs.

COMPOSITE DE J. B. VIGNOLE.

Planche LIV.

Si l'on considère l'entablement de l'arc de Septime-Sévère comme le modèle du Composite, sans doute que Vignole aura le mieux réussi à le caractériser, cet ordre n'étant alors qu'un Ionique enrichi; ayant son autorité dans l'antique, il a régularisé son modèle, il en a tiré tout le parti possible. A la forte moulure placée sous la cymaise, il a substitué celle qui couronne les denticules pour remettre la première à la place de celle-ci. Il a adouci la mouchette pendante sous le larmier, et enfin il en a formé un ensemble qui a été employé de préférence à celui des autres auteurs dans un tems où cet ordre avait une espèce de vogue. Les moulures de sa base, de son piédestal et de son imposte, comme plus rapprochées de l'œil, sont sagement combinées pour être en harmonie avec celles qui les surmontent, ce que quelques auteurs, qui ont très-bien traité le reste, n'ont pas toujours observé ou adopté. En effet, les moulures qui se rapprochent de nous, et n'appartiennent qu'à des corps peu élevés, comme les piédestaux, les stylobates et même les impostes, n'ont pas besoin d'être composées de membres aussi forts que pour les entablemens, qui sont toujours à une plus grande hauteur, et susceptibles d'ajustemens plus déterminés. Son chapiteau n'est pas mieux que celui de son ordre Corinthien (1); la projection de ses feuilles, qu'il a assujetties de même à une ligne tendue de la saillie de son astragale à celle de la diagonale de son tailloir, et ses volutes même, qui, suivant ce principe, se trouvent trop rentrées sous le tailloir pour échapper à la rencontre du quart de rond qui fait partie du vase, malgré la forme courbe qu'il leur a fait prendre, lui donnent un air rétréci, guindé, et lourd par le haut.

NOMS DES MOULURES ET DES ORNEMENS DE L'ORDRE COMPOSITE DE VIGNOLE.

De la frise.

A. Frise ornée de rinceaux, qu'on peut faire sortir de la tige servant de queue aux centaures.

Du chapiteau.

B. Volutes angulaires.

C. Feuilles de persil, ou d'acanthe.

D. Fleuron.

Du plan du chapiteau.

E. Côté du chapiteau sans les feuilles, laissant voir la feuille des volutes.

F. Bossage pour tailler le fleuron.

G. Côté de la saillie des feuilles.

H. Côté avec le quart de rond taillé d'ove.

I. Plan du fût de la colonne, des cannelures et de la courbure du tailloir.

Coupe du profil.

K. Volute; même opération pour la tracer que celle du chapiteau Ionique.

L. Vase.

M. Ligne ponctuée qui détermine la saillie des volutes et des feuilles.

(1) Les ordres Corinthiens du Panthéon, qui ont le plus particulièrement servi de modèle à Vignole, lui indiquaient bien en partie cette règle, excepté pour la saillie des grandes feuilles. Voyez les planches 38 et 39.

Planche LIV.

PIEDESTAL, BASE, CHAPITEAU ET ENTABLEMENT COMPOSITE
de J. Barrozzio de Vignole.

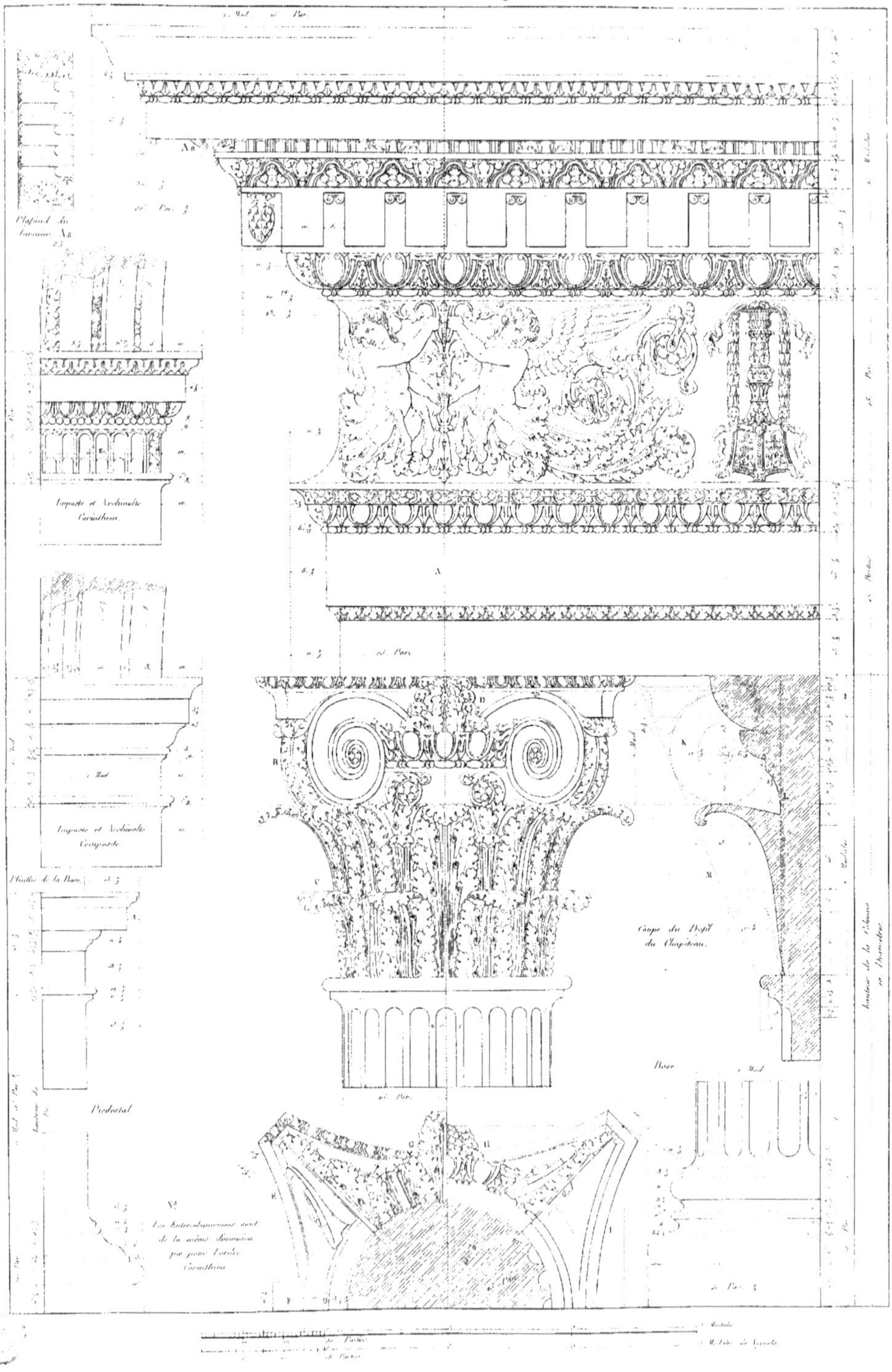

Plafond du Larmier
Imposte et Archivolte Corinthien.
Imposte et Archivolte Composite.
Plinthe de la Base.
Piedestal
Coupe du Profil du Chapiteau.
Base
Les Entrecolonnemens sont de la même dimension que pour l'ordre Corinthien

Planche LV.

SOUBASSEMENT CARYATIDE ET ENTABLEMENT
du Temple de Pandrose à Athènes.

Plafond des Denticules
Distance d'une Caryatide à l'autre.
Ligne de Centre.
Plinthe de la Caryatide
Soubassement
Ante.
N.B. Pour la figure d'une des Caryatides voyez le frontispice.
N.B. Il y a au dessous de ce socle deux marches de 3 1/2 Par. de hauteur, et tout le socle est de 25 à 26 Parties.

Planche LVI.

PIEDOUCHE, CARYATIDE ET ENTABLEMENT
de la salle des Antiques au Louvre. Par Jean Goujon.

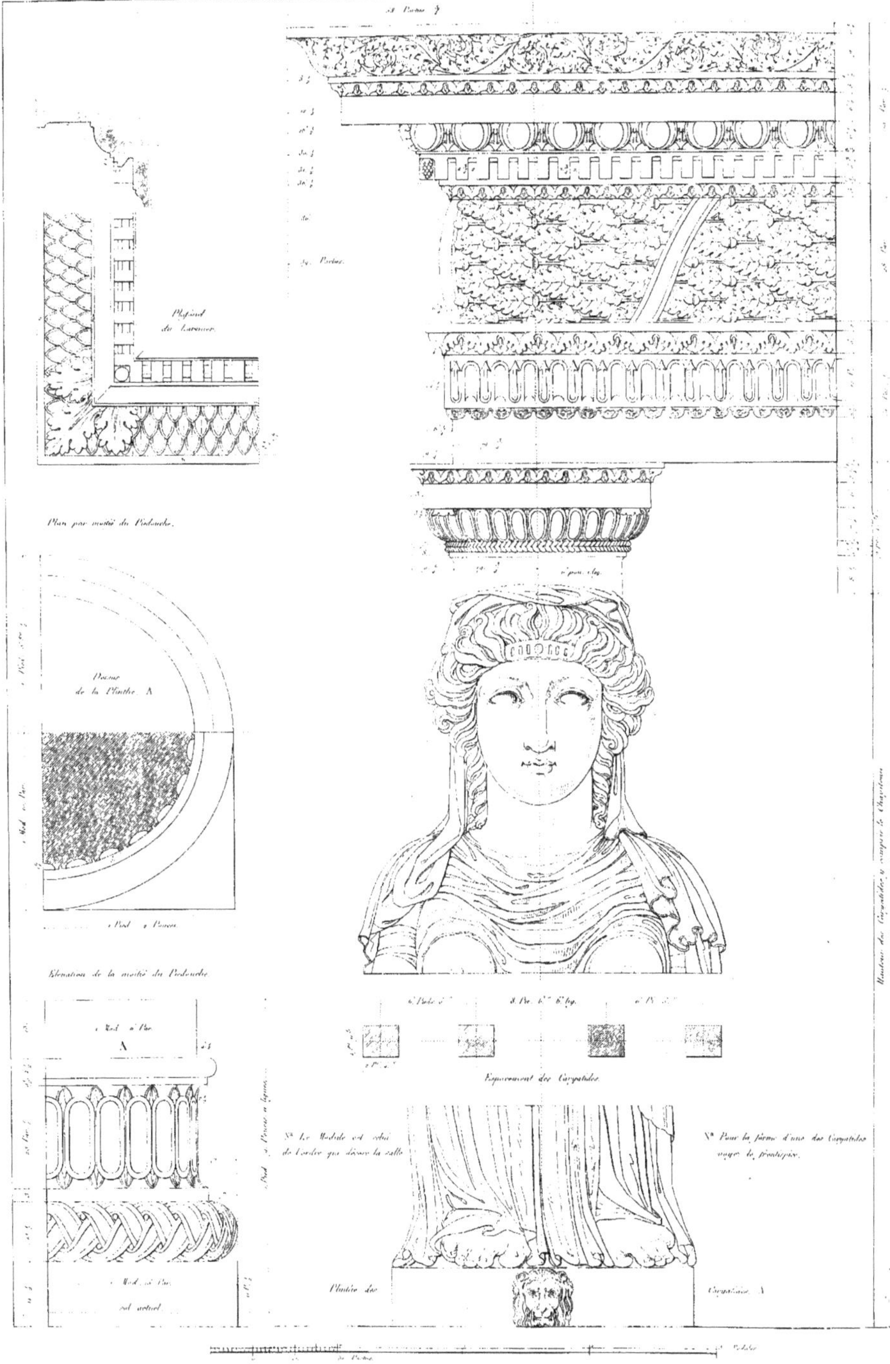
Plafond du Larmier
Plan par moitié du Piédouche
Dessus de la Plinthe A
Élévation de la moitié du Piédouche
A
Espacement des Caryatides
Nª Le Module est celui de l'ordre qui décore la salle
Nª Pour la forme d'une des Caryatides voyez le frontispice
Plinthe des Caryatides A

ENTABLEMENS.

Pl. LVII. Des petits autels du Panthéon à Rome. Du Temple de la Paix à Rome.

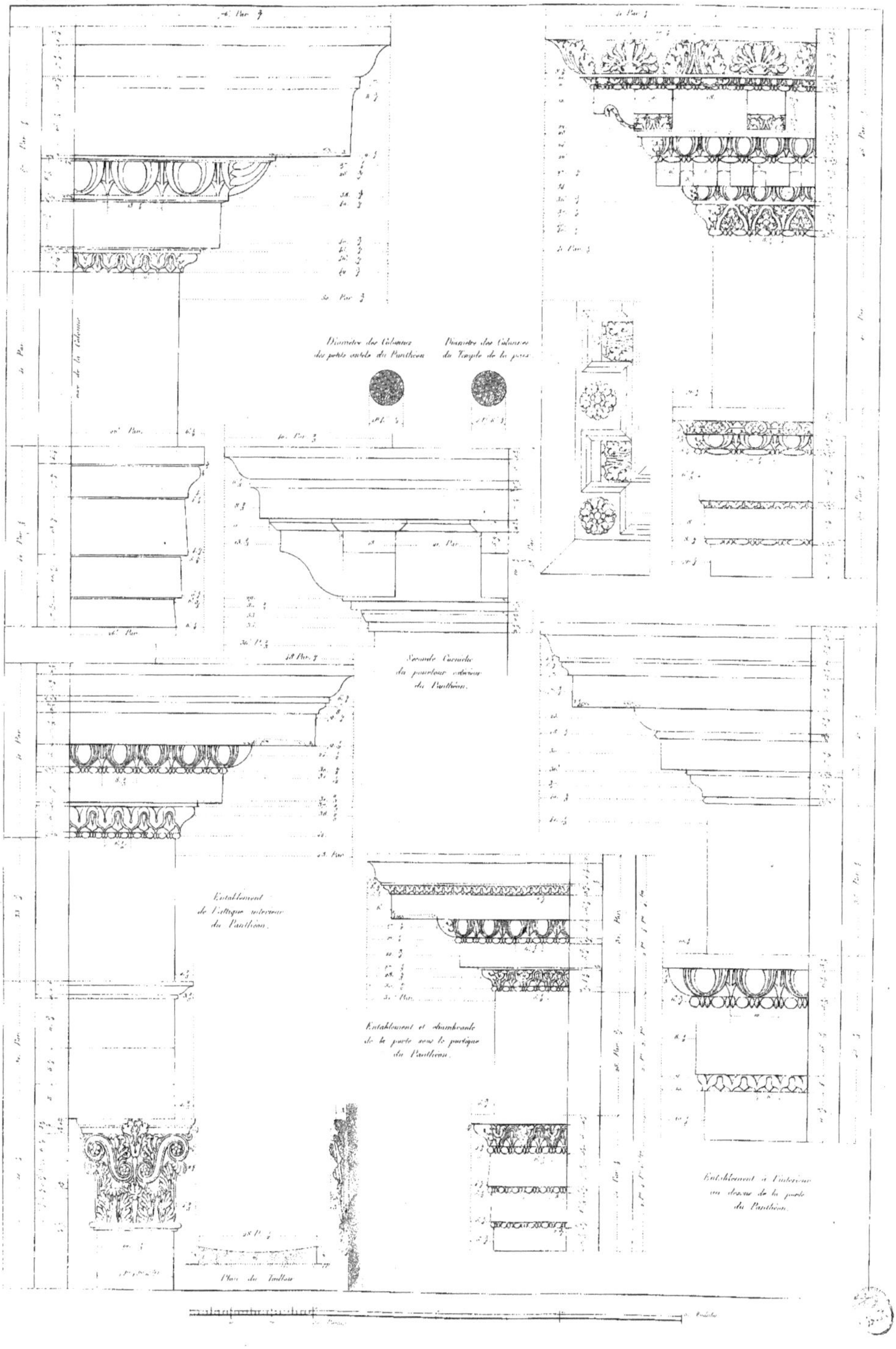
Diamètre des Colonnes des petits autels du Panthéon
Diamètre des Colonnes du Temple de la paix
Seconde Corniche du pourtour extérieur du Panthéon
Entablement de l'attique intérieur du Panthéon
Entablement et chambranle de la porte sous le portique du Panthéon
Entablement à l'intérieur au dessus de la porte du Panthéon
Plan du Tailloir

CARIATIDES DU TEMPLE DE PANDROSE A ATHÈNES.

Planche LV.

Ce temple, contigu à celui de Minerve-Poliade et d'Erechtée, présente quatre figures de face, et deux en retour d'équerre derrière celles qui forment angle. On les a nommées Cariatides (1). Elles remplacent les colonnes dont les portiques des autres temples sont formés. Leur tête est surmontée d'un chapiteau qui supporte une corniche sans architrave; mais une espèce de frise, composée de trois bandes, la sépare des chapiteaux. Quelques-uns ont donné le nom d'ordre à ce seul bon exemple que nous ayons dans l'antiquité; mais comment assigner des règles pour une chose purement idéale, qui, trop petite, ne présente qu'un accessoire, et qui, trop grande, devient colossale ou même gigantesque? Les Cariatides du temple de Pandrose n'ont que sept pieds et demi environ, et la hauteur totale de l'édifice, y compris le soubassement et les trois gradins qui le supportent, est de dix-huit pieds. C'est un de ces modèles dans l'antiquité que l'on peut admirer, mais que l'on trouve rarement moyen d'imiter ou d'employer avec succès; cependant nous avons dû en donner la forme et les détails pour, au besoin, servir de guide. Voyez le frontispice pour l'idée d'une des figures.

CARIATIDES,

DANS L'ANCIENNE SALLE DES ANTIQUES, AU LOUVRE, A PARIS, PAR J. GOUJON.

Planche LVI.

Ces Cariatides sont d'une toute autre manière que celle des Grecs. Elles sont surmontées d'un entablement complet, et servent dans tout leur ensemble d'ajustement à une tribune qui décore la principale entrée de la salle. Elles n'ont rien de la composition ni de la forme des premières; elles sont sans bras; la draperie qui les couvre est serrée sur le nu. Il semblerait que l'artiste eût réalisé par elles l'idée que Vitruve a donnée de l'ordre Ionique; elle le serait complètement si le chapiteau qui surmonte leur tête était de cet ordre. Elles sont d'un grand effet dans la place qu'elles occupent, quoiqu'elles ne soient qu'accessoires par rapport à l'ordre dont est décoré la pièce, avec laquelle elles ne se lient pas. La sculpture y est traitée avec la même délicatesse que si la matière en était le marbre. Voyez le frontispice.

DES DIVERS ENTABLEMENS ANTIQUES, ET DE LEURS RAPPORTS.

Planche LVII.

Aux divers exemples d'entablement que nous avons réunis dans cet ouvrage, nous avons cru cependant devoir en ajouter d'autres, qui, bien que plus simples, n'offrent en principe que le même ensemble. Quatre sont extraits de l'intérieur de la rotonde, l'un des plus anciens

(1) L'origine de ces statues remonte au tems où les Grecs ont vaincu les Cariates, qui s'étaient joints aux Perses contre eux. Pour perpétuer leur victoire et l'humiliation des Cariates, ils élevèrent des portiques et des galeries où ces figures, tenant lieu de colonnes, étaient représentées dans leur ajustement national.

monumens de Rome; et quoiqu'ils y soient placés à quelque distance les uns des autres, et employés pour des effets différens, ils se rapportent cependant tous, à quelques proportions près, dans leurs moulures. Les architraves seules y sont variées. Mais ce qui a donné beaucoup à penser aux architectes, et a été le sujet de bien des débats, c'est la manière de profiler les faces des architraves, qui, tantôt saillantes ou rentrantes, et par conséquent toujours hors de l'aplomb qui caractérise la solidité dans l'architecture, ont fait supposer que c'était pour gagner ou réduire en saillie (1). Mais l'exemple des petits autels du Panthéon suffirait seul pour déterminer les débats à cet égard. On n'y voit pas de nécessité que la face du larmier, ainsi que celle au dessous, qu'on peut nommer denticulaire, penchent en avant par le haut, tandis que celles de l'architrave du même entablement y sont rentrantes. Ce n'a donc pu être que le goût de l'architecte, ou celui du tems, qui l'ait guidé dans cette sorte de manière de profiler, et une règle non générale, mais particulière; et par conséquent ce parti n'est point rigoureusement admissible. La même manière se fait remarquer dans la corniche de l'Attique dans un tout autre emploi; toutes les saillies en sont pendantes, tandis que l'architrave en est d'aplomb, ainsi que tout le profil de l'entablement au dessus de la porte d'entrée.

SUITE DES ENTABLEMENS.

Planche LVIII.

Cette planche offre la même manière de profiler dans deux entablemens, celui du second et du troisième ordres du Colisée à Rome, et dans un emploi tout opposé; les premiers étant en tours creuses, et ceux-ci en tours rondes, et où même la saillie de l'architrave du troisième ordre est plus grande que celle du second.

Cette planche contient en outre les impostes et les archivoltes des arcs de Constantin et de Septime-Sévère, ainsi que l'Attique qui couronne ce dernier.

DE LA DIMINUTION DU FUT DES COLONNES.

Planche LIX.

Les anciens ont diminué ou galbé indifféremment leurs colonnes, ou à partir du tiers du fût, pris au dessus du tore supérieur de la base, ou sur une seule ligne prise du dessus même de ce tore au dessous de l'astragale sur lequel est posé le chapiteau, la ceinture et la baguette au dessus de la base, faisant toujours partie du fût, ainsi que l'astragale, dont la saillie correspond toujours à la base du fût, qui est de deux modules. Aux exemples de l'antique que nous avons réunis dans cet ouvrage, nous avons particulièrement indiqué, avec la hauteur des colonnes, celle dont la diminution commence au tiers du fût. Nous observerons que la ligne de celles qui diminuent du bas en haut n'est pas précisément comme tendue; que le fût en est légèrement galbé, ce qu'on peut voir par la figure première. La deuxième est plus usitée; elle peut s'employer pour la diminution au tiers, comme le même moyen renversé, en l'augmentant au tiers, le ferait renfler. Ce dernier moyen enfin peut servir pour toute la hauteur avec le même succès, en multipliant les divisions de bas en haut.

(1) Vitruve, livre 3, chapitre dernier, prescrit cette manière comme favorable pour la perspective.

ENTABLEMENS, IMPOSTES ET ARCHIVOLTES.

Pl. LVIII. Ionique du 2ème Ordre du Colisée à Rome. Corinthien du 3ème Ordre du Colisée à Rome.

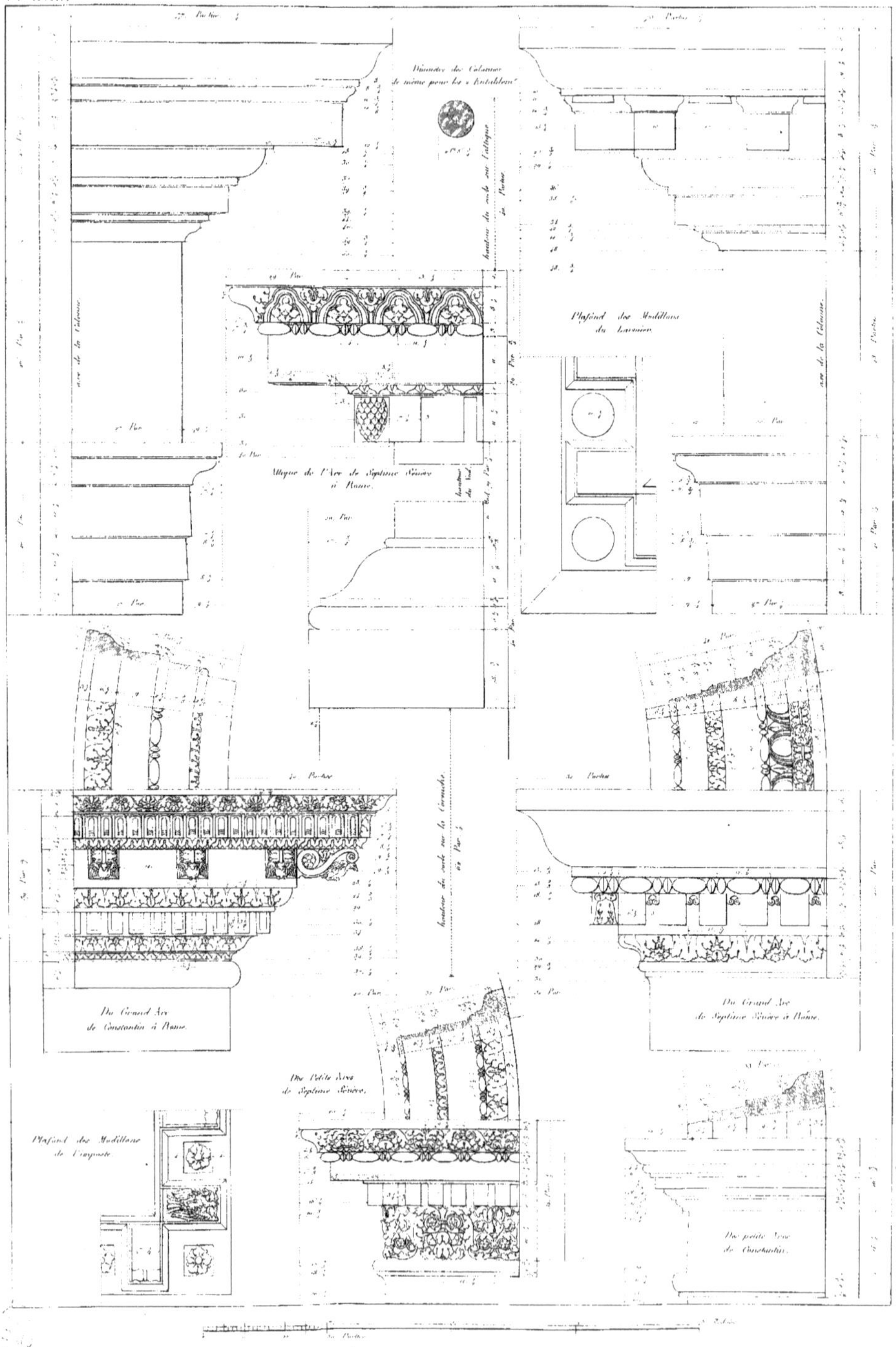

Diamètre des Colonnes de même pour les 2 Entablem.t
Attique de l'Arc de Septime Sévère à Rome.
Plafond des Modillons du Larmier
Du Grand Arc de Constantin à Rome.
Du Grand Arc de Septime Sévère à Rome.
Des Petits Arcs de Septime Sévère.
Plafond des Modillons de l'Imposte
Des petits Arcs de Constantin.

DE LA DIMINUTION DES COLONNES,
de la proportion des Entablemens et de celle des Frontons.

Planche LIX.

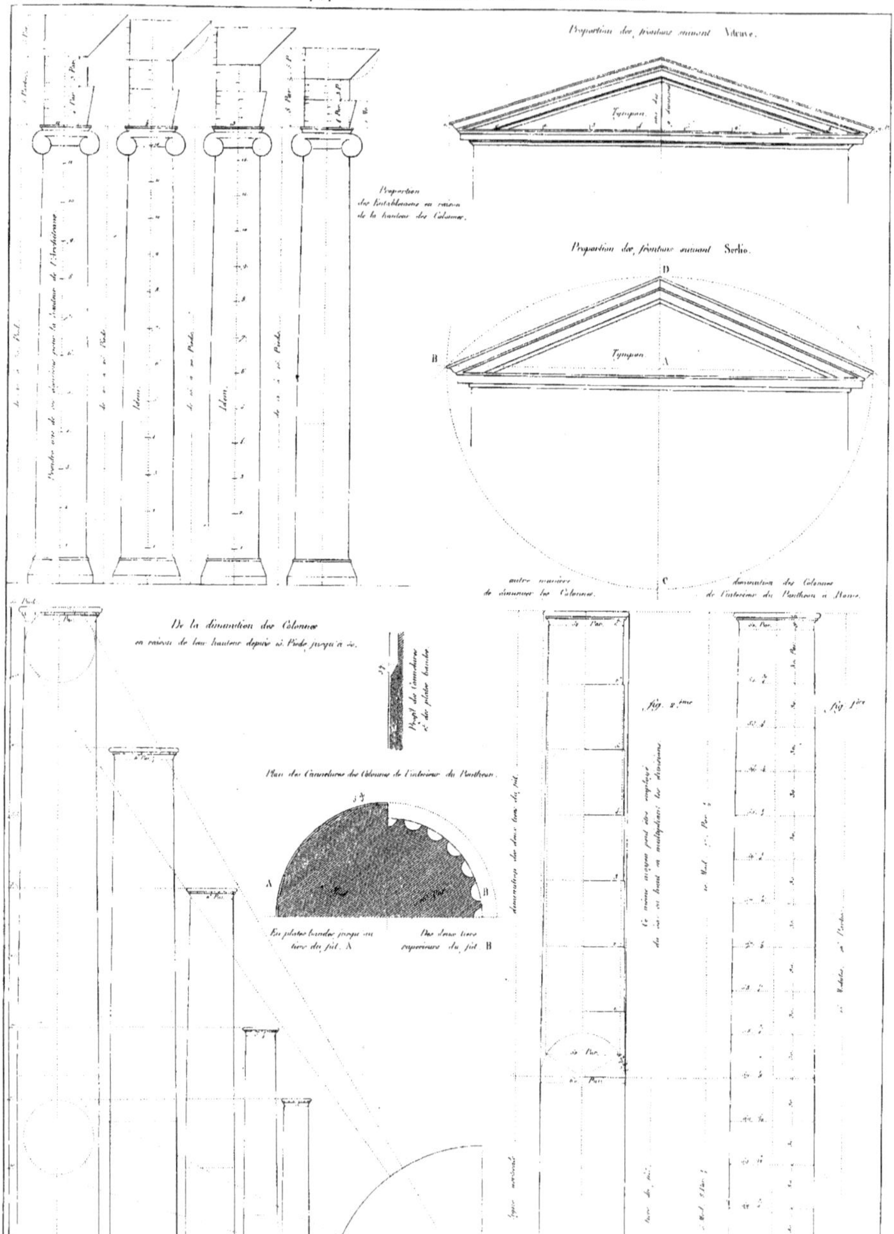

Proportion des frontons suivant Vitruve.
Tympan
Proportion des Entablemens en raison de la hauteur des Colonnes.
Proportion des frontons suivant Serlio.
Tympan
autre manière de diminuer les Colonnes.
diminution des Colonnes de l'intérieur du Panthéon à Rome.
De la diminution des Colonnes en raison de leur hauteur depuis 15 Pieds jusqu'à 50.
Profil des Cannelures et des plates bandes
Plan des Cannelures des Colonnes de l'intérieur du Panthéon.
En plates bandes jusqu'au tiers du fût. A
Aux deux tiers supérieurs du fût. B
fig. 2.ème
fig. 1.ère

Règle de proportion pour la différente diminution que l'on doit donner au haut du fût des colonnes, en raison de leur hauteur, depuis quinze pieds jusqu'à cinquante (1).

Celles de quinze pieds seront divisées, à la base de leur fût, en six parties; cinq de ces mêmes parties, reportées au haut du même fût, en établiront la diminution.

Celles de vingt pieds, divisées à la base en six parties et demie, seront réduites par le haut à cinq parties et demie.

Pour celles de trente pieds, il faut les diviser en sept parties à leur base, et les réduire à six par le haut.

Celles de quarante pieds, divisées aussi à leur base en sept parties et demie, seront réduites, sous l'astragale, à six parties et demie.

Enfin celles de cinquante pieds de hauteur seront divisées en huit parties; on les réduira à sept par le haut.

Ces différentes proportions ne dérangent en rien celles fixées pour les chapiteaux modernes. On peut consulter ceux qui sont antiques sous les divers rapports de hauteur des colonnes : ils varient presque tous, tant dans leurs proportions générales, que par celles des détails.

Proportion des entablemens, en raison de la hauteur des colonnes (2).

Pour des colonnes de douze à quinze pieds, l'architrave doit avoir un demi-diamètre de hauteur, et, divisant l'architrave en quatre parties, trois seront pour la hauteur de la frise.

Celles de quinze à vingt pieds doivent être divisées en treize parties, pour en donner une à l'architrave, que l'on divise en quatre autres parties, pour en donner trois à la frise.

Pour celles de vingt à vingt-cinq pieds, il faut diviser l'une des colonnes en douze parties et demie, et prendre une de ces parties pour l'architrave ; même rapport que ci-dessus pour la frise.

Si les colonnes ont de vingt-cinq à trente pieds, il faut en diviser la hauteur en douze parties ; une de ces parties pour l'architrave ; même proportion que ci-dessus pour la frise.

Si l'on voulait mettre dans la frise un bas-relief, ou tout autre ornement, il faudrait alors lui donner la hauteur de l'architrave, et reporter au dessus la corniche, dans la même proportion qui va être prescrite.

Les différentes proportions que Vitruve assigne pour chacune des moulures qui composent son entablement, ne coïncidant pas avec tout autre ajustement (3), en voici la hauteur proportionnelle. Il faut diviser l'architrave et la frise, déjà établies, d'après les règles ci-dessus, en huit parties égales, et en prendre cinq pour la hauteur de la corniche, dans laquelle hauteur on distribuera ses moulures, en observant que leur saillie totale, répondant à l'aplomb du nu de la frise, soit égale à la hauteur de la corniche, de manière que si la corniche a deux modules de hauteur, elle ait aussi deux modules de saillie (4).

Cette règle, pour les entablemens supportés par les colonnes, est applicable en quelque sorte aux bâtimens même, que l'on pourrait aussi caractériser par la simplicité ou la richesse

(1) Livre 3, planche 16, traduction de Vitruve, par C. Perrault, et planche 59 de l'ouvrage.

(2) Livre 3, planche 22, même traduction, et planche *idem* de l'ouvrage.

(3) Voyez planche 30 de l'ouvrage : l'*Ordre Ionique de Serlio*.

(4) La proportion des entablemens peut être toujours la même relativement aux colonnes ; mais les membres qui les composent doivent être plus ou moins prononcés, et sans confusion, en raison de leurs différentes dimensions. Pour en obtenir une division facile, après en avoir composé le profil, on pourra consulter notre *Vignole des Ouvriers*, pour le rapport des proportions que les moulures doivent avoir entre elles.

et l'ordonnance des détails, tellement qu'on y reconnût l'ordre avec lequel ils seraient en rapport, quoiqu'on n'y employât ni colonnes ni pilastres.

Remarque.

Comme nos temples, et tous nos autres monumens publics à nos usages, ne sont plus conçus, pour l'utilité, dans la manière des anciens, nous ne désignerons pas les divers espacemens de colonnes que nous allons rapporter par les noms que les Grecs et les Romains y avaient appliqués pour les distinguer les uns des autres dans leurs différentes combinaisons, renvoyant à la traduction de *Vitruve* par Perrault (1), d'où ils sont extraits, ceux qui voudraient s'en instruire directement. Nous citerons simplement la distance des colonnes d'un axe à l'autre.

Entrecolonnemens, suivant Vitruve, pour les temples et édifices publics.

(2). Entrecolonnement Ionique de six colonnes de face, d'un axe à l'autre, six modules ou trois diamètres; celui du milieu a quatre diamètres.

(3) Entrecolonnement Corinthien de huit colonnes de face, de l'axe d'une colonne à l'autre, six modules ou trois diamètres; celui du milieu, trois diamètres et demi.

(4) Entrecolonnement Ionique de huit colonnes de face, d'un axe de colonne à l'autre, trois diamètres un quart; celui du milieu, cinq diamètres. Tel devait être l'entrecolonnement présumé du temple de Diane à Ephèse, par Ctésiphon, architecte.

(5). Entrecolonnement Corinthien de dix colonnes de face, de l'axe d'une colonne à l'autre, deux diamètres et demi; celui du milieu a trois diamètres

Des frontons selon Vitruve.

Si l'on veut couronner ces entrecolonnemens par des frontons, il faudra, après en avoir établi l'entablement, soit du quart, du cinquième, ou entre le quart et le cinquième de la hauteur des colonnes, soit de tout autre proportion, diviser l'espace qu'il y aura sur la saillie de la corniche du devant d'une cymaise à l'autre, qui en forment les angles opposés, en neuf parties égales, en prendre une pour la hauteur du tympan, et rapporter la corniche au dessus, en observant que le tympan se mesure à partir du dessus du filet qui recouvre la petite cymaise, ou de toute autre moulure au dessus du larmier, entre ce dernier et la grande cymaise qui doit toujours faire partie du fronton.

Il y aurait, entre Serlio et Vitruve, une proportion moyenne, qui serait de prendre pour centre la moitié de l'espace A entre une cymaise et l'autre, formant les deux extrémités de la corniche B; de rapporter cette moitié par le bas sur la perpendiculaire du centre C; d'ouvrir de ce point le compas jusqu'aux extrémités des cymaises B, et de le conduire sur la même ligne perpendiculaire du milieu par le haut : l'intersection D donnera la hauteur du fronton, y compris la corniche. Voyez la planche 59.

(1) Livre 3.
(2) Livre 3, planche 11 de la traduction.
(3) Livre 3, planche 12.
(4) Livre 3, planche 13.
(5) Livre 3, planche 14.

PORTES ET CROISÉES ANTIQUES.

Planche LX.

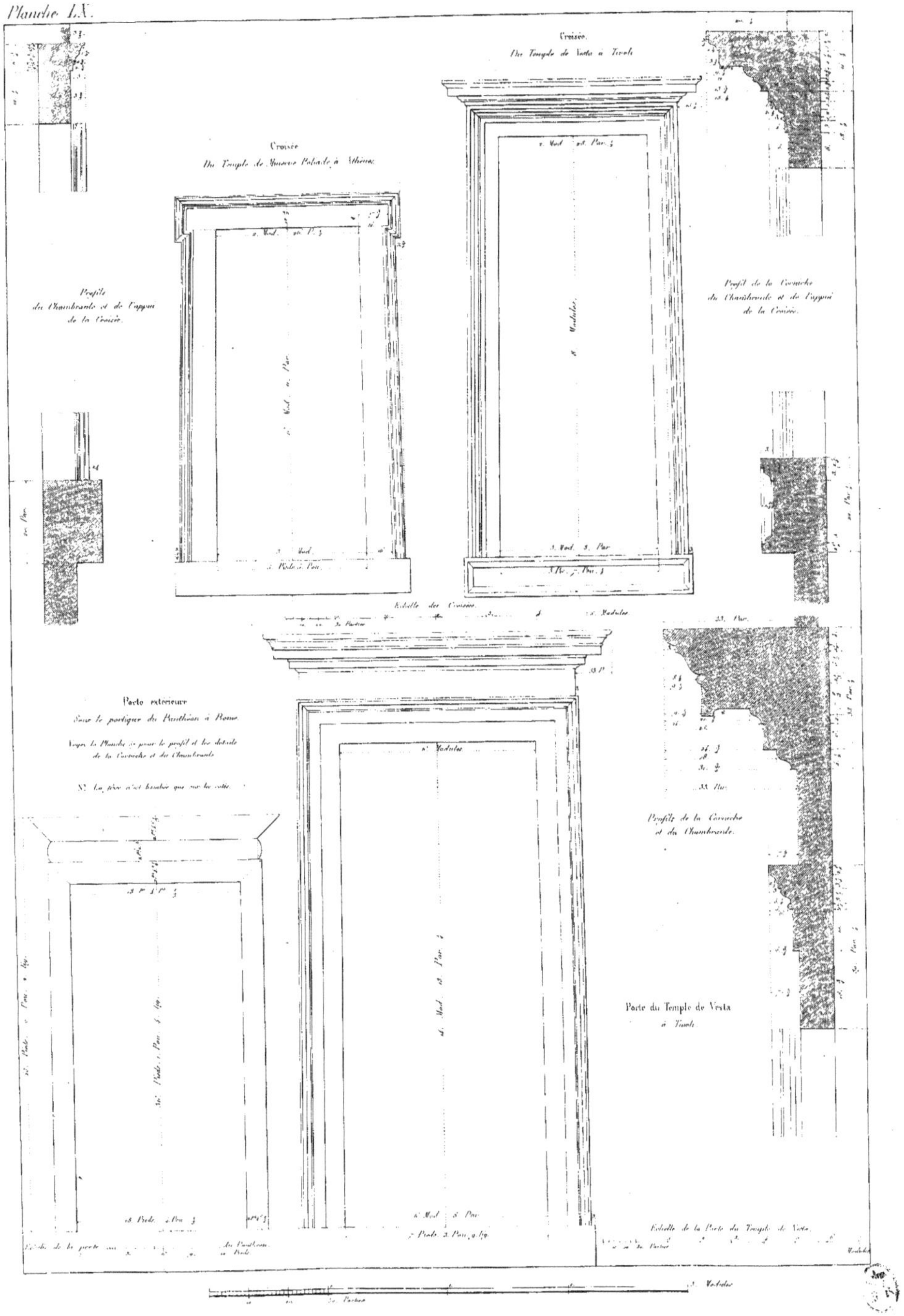
Croisée.
Du Temple de Vesta à Tivoli.
Croisée
Du Temple de Minerve Poliade à Athènes.
Profils du Chambranle et de l'appui de la Croisée.
Profil de la Corniche du Chambranle et de l'appui de la Croisée.
Echelle des Croisées.
Porte extérieure Sous le portique du Panthéon à Rome.
Profils de la Corniche et du Chambranle.
Porte du Temple de Vesta à Tivoli.
Echelle de la Porte du Temple de Vesta.

Autres entrecolonnemens, espacés également, pour des édifices moins considérables, et même pour les maisons particulières, par Vitruve.

(1) Entrecolonnement Ionique de six colonnes de face, d'un axe à l'autre, six modules ou trois diamètres.

(2) Entrecolonnement Corinthien de six colonnes de face, de l'axe d'une colonne à l'autre, cinq modules ou trois diamètres et demi.

(3) Entrecolonnement Ionique de quatre colonnes de face, d'un axe à l'autre, huit modules ou quatre diamètres.

(4) Entrecolonnement Dorique de quatre colonnes de face, de l'axe d'une colonne à l'autre, dix modules ou cinq diamètres.

(5) Autre entrecolonnement Ionique de quatre colonnes de face, dont celui du milieu est espacé, d'axe en axe, de six modules et demi.

Remarques.

Les entrecolonnemens Doriques étant subordonnés à la division des triglyphes, l'espacement des colonnes ne peut être autrement indiqué. Il y en a de quatre modules, qui sont les moindres, de sept modules et demi, et même de dix modules, comme il est marqué plus haut, avec ou sans arcades, et de quinze modules avec arcades et piédestaux.

Les avant-corps en colonnes sur les murs de face sont toujours espacés du fond, de la distance ou de l'écartement du nu d'une colonne à l'autre, de manière que les soffites forment un carré au plafond de même qu'aux doubles rangs de colonnes; d'autres y sont engagés (6) suivant leur espacement pour la portée des soffites, et d'autres enfin n'en sont écartés que d'un demi-diamètre, et quelquefois de moins. L'antique ne nous offre point d'exemples de colonnes accouplées dans la manière de celles du Louvre et de beaucoup d'autres édifices.

Pour la proportion des piédestaux, relativement à chaque ordre, voyez les Ordres antiques, PALLADIO, SCAMOZZI et VIGNOLE. Vitruve ne leur en assigne pas de bien directs.

DES PORTES ET DES CROISÉES ANTIQUES.

TIRÉES DES ORDRES GRECS ET ROMAINS.

PLANCHE LX.

Il est peu nécessaire d'approfondir pourquoi les Grecs, au temple de Minerve-Poliade à Athènes, et après eux les Romains, à celui de Vesta à Tivoli, ont tenu leurs portes et leurs croisées plus étroites par le haut que par le bas; cet usage, aujourd'hui, serait une bizarrerie inadmissible; mais il est important d'observer la manière dont ils en formaient le cadre, auquel on a donné, depuis, le nom de chambranle, ornement toujours agréable

(1) Livre 3, planche 15.

(2) Livre 3, planche *idem.*

(3) *Idem.*

(4) Livre 3, planche 15.

(5) Livre 3, planche 16.

(6) Malgré les nombreux exemples, tant anciens que modernes, nous ne sommes pas partisan des colonnes engagées, surtout à l'extérieur. Les colonnes sont des supports élégans et solides, imaginés pour allégir les masses par la combinaison de leur espacement et par leur isolement des corps avec lesquels ils sont en rapport, pour faire jouir en même temps d'un abri commode, et de l'aspect de tout ce qui les environne. Les colonnes appliquées contre un

quand il est en harmonie avec l'ensemble de l'édifice. Celui des croisées du temple grec, près de l'extrémité de ses retours d'angles, est brisé en saillie sur lui-même, ce que nous nommons crossettes. Ceux du temple de Vesta, dans la même forme pour le vide, ont un encadrement sans interruption, et sont surmontés chacun d'une corniche; mais celle de la porte en est séparée par une frise, et celle des croisées est adhérente au chambranle. Le chambranle des croisées du temple de Minerve est posé sur un appui simple, et celui des croisées du temple de Vesta repose aussi sur un appui, mais sur le devant duquel est une table renfoncée. Sur la même planche, nous avons tracé en masse la proportion de la porte extérieure de la rotonde; les détails de la corniche et du chambranle se trouvent sur la planche 57. Cette dernière est aussi large du haut que du bas, et a un peu moins en hauteur, dans son vide, que deux fois sa largeur. Voilà, pour les portes et les croisées antiques, des exemples bien distincts par leurs formes et par la manière dont elles sont ornées.

DES PORTES MODERNES.

Planche LXI.

Ces deux portes, de la composition de Vignole, réunissent dans leurs formes et leurs proportions tout ce qu'on a pu faire de mieux entre l'antique et le moderne; toutes les autres, dans le même genre, en dérivent ou ne portent qu'un caractère idéal qui ne pourrait pas servir de base. Leur chambranle est à crossettes, comme aux croisées du temple de Minerve-Poliade. Le bas des crossettes sert de point fixe pour la longueur des consoles (1), ce qui leur donne beaucoup de régularité. Ces mêmes consoles sont appuyées sur un contre-chambranle en arrière-corps. Celui de la porte de Saint-Laurent paraît être le plus régulier. Beaucoup de gens de l'art n'aiment point les crossettes; on ne peut approuver ni blâmer leur goût en cela, puisque nous avons de bons exemples sans cette manière de profiler, qui sont fort bien aussi. La proportion qui convient le mieux pour les portes et les croisées, auxquelles s'adapte aussi le même ajustement, est de deux fois leur largeur pour la hauteur. Mais pour plus d'exactitude sous les différens rapports de leurs proportions, soit avec ou sans corniche, ornées de colonnes ou de pilastres, voyez les planches de détails de notre *Recueil varié de Plans et de Façades*. Celles des arcades simples, sur des colonnes ou des pilastres, y sont aussi indiquées d'après les autorités des meilleurs auteurs. Les mêmes exemples y sont reproduits dans notre *Vignole des Ouvriers*.

DES SOFFITES D'ARCHITRAVES.

Planche LXII.

La forme et l'ornement des soffites d'architraves n'étant soumis à aucunes règles, nous avons cru cependant devoir en offrir plusieurs exemples d'après les monumens antiques de Rome. Nous avons précédemment donné une partie des ordres auxquels ils se rattachent.

mur, au contraire, ne servent qu'à obstruer la vue, à alourdir leur couronnement dans la saillie des soffites de leur architrave. La façade à laquelle elles appartiennent n'est plus qu'une espèce de bas-relief régulier. Quelques anciens l'ont senti, en faisant profiler avec elles leur entablement; mais cela ne peut convenir qu'à de grands édifices. Voyez l'amphithéâtre de Nîmes, les arcs de triomphe, etc.

(1) Ces consoles sont plus larges du haut que du bas. Quoiqu'on ne puisse absolument en blâmer la forme; les consoles aussi larges du bas que du haut, dans un même ajustement, seraient peut-être préférables.

PORTES

Planche LXI.

de J. Barrozzio de Vignole.

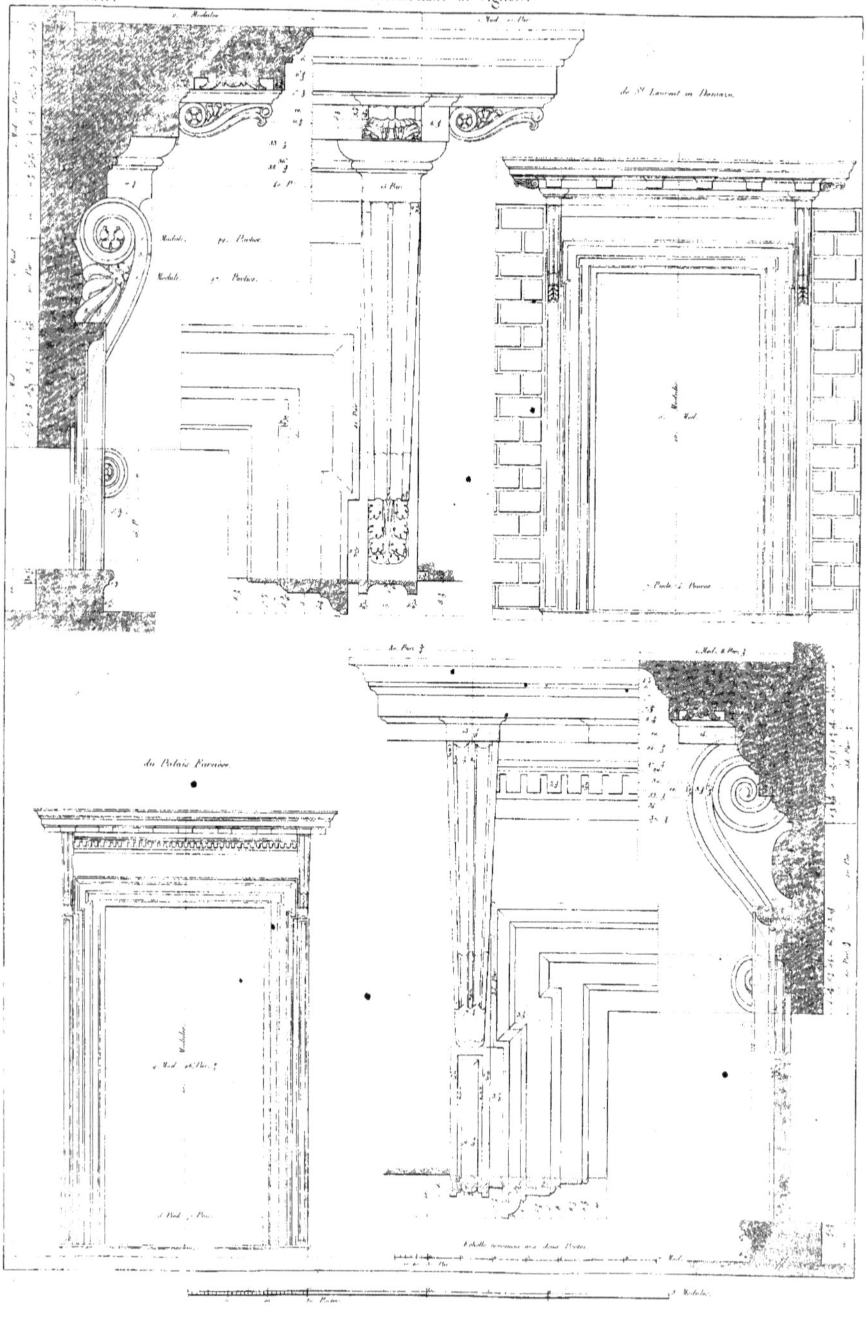
de St. Laurent in Damaso.
du Palais Farnèse.
Echelle commune aux deux Portes.

SOFFITES D'ARCHITRAVES.

d'apres les monumens antiques de Rome.

Planche LXII.

du Portique du Panthéon.
de l'interieur du Panthéon.
des petits Autels du Panthéon.
du Temple d'Antonin et de Faustine.
des trois Colonnes du Campo Vaccino.
du Temple de Jupiter Tonnant.
du Temple de Mars le Vengeur.
de la place ou Forum de Nerva.
de la Basilique d'Antonin.
Modules

ORNEMENS DE MOULURES.

Planche LXIII.

Cymaises, Doucines ou Goulets.
Cymaise et Cavet.
Oves.
Cavets Talons et Cymaises renversées.
Cymaises.
Talons taillés d'Ornemens
à Bois de Cœur et feuilles d'eau.
à feuille d'Acanthe et de Persil.
variés de quinze manières.
Taillés de Trefles, d'Aiguettes ou
d'Ecrevisse avec Fleurons Rose et Palmettes.
Baguette et Astragales.

On y verra que le goût seul peut en diriger le choix, que leur richesse est subordonnée à celle de l'ordre dont ils font partie, tels que ceux du temple d'Antonin et de Faustine, des trois colonnes du Campo-Vaccino et du temple de Jupiter-Tonnant. Le premier suit par ses côtés le galbe du tailloir; ceux des petits autels de la Rotonde, de la place de Nerva et autres, se contournent sur la rose du chapiteau; ceux de l'ordre extérieur et intérieur de la Rotonde sont simplement en retour d'équerre.

ORNEMENS DES MOULURES.

Planche LXIII.

La grandeur de l'échelle sur laquelle sont faits les ordres d'architecture réunis dans cet ouvrage, n'ayant pas toujours permis de tracer avec exactitude de détails l'ornement dont beaucoup de moulures sont taillées, il en a été gravé sur cette planche suffisamment pour y suppléer. On y trouvera ceux de cymaises, de talons, de quarts de ronds, et de baguettes ou astragales, variés et puisés dans les mêmes ordres dont on a vu la gravure.

On ne saurait employer avec trop de discrétion les ornemens dans les moulures. Si les Romains en ont surchargé quelques-uns de leurs entablemens, dans d'autres ils en ont été avares. Cependant cette richesse, bien ménagée, bien entendue, produit le meilleur effet. La colonne Corinthienne, par exemple, vu la richesse de son chapiteau, ne doit pas être couronnée par un entablement trop simple; plusieurs de ses membres sont susceptibles d'être enrichis, comme l'ont très-bien fait Palladio et Vignole. Nous en excepterions volontiers la frise, à moins que, pour en soutenir la richesse, le fût des colonnes ne dût être cannelé; mais nous en bannirons peut-être les figures, qui, quelque intérêt qu'elles présentent, soit dans leur composition, soit dans leur exécution, sont souvent mesquines et petites Des rinceaux, ou d'autres ornemens bien disposés et largement traités, nous paraissent préférables.

BIBLIOTHEQUE ROYALE

FIN.

www.ingramcontent.com/pod-product-compliance
Lightning Source LLC
Chambersburg PA
CBHW072102080426
42733CB00010B/2186
9782012741881